CAPITAL INTELECTUAL

Copyright© 2013 by Editora Ser Mais Ltda.
Todos os direitos desta edição são reservados à Editora Ser Mais Ltda.

Presidente:
Mauricio Sita

Capa e Projeto Gráfico:
Danilo Scarpa

Diagramação:
Wenderson Silva

Revisão:
Alessandra Angelo

Gerente de Projeto:
Gleide Santos

Diretora de Operações:
Alessandra Ksenhuck

Diretora Executiva:
Julyana Rosa

Relacionamento com o cliente:
Claudia Pires

Impressão:
Imprensa da Fé

Dados Internacionais de Catalogação na Publicação (CIP)
(Câmara Brasileira do Livro, SP, BRASIL)

Capital Intelectual A fórmula do sucesso – Grandes especialistas mostram como investir no desenvolvimento contínuo deste diferencial de sucesso / Coordenação editorial: Mauricio Sita – São Paulo: Editora Ser Mais, 2013.

Bibliografia
978-85-63178-40-4

1. Desenvolvimento Pessoal e Profissional. 2. Carreira profissional - Desenvolvimento. 3. Treinamento e Desenvolvimento. 4. Sucesso profissional - Administração I Título.

CDD 158.7

Índices para catálogo sistemático:
1. Desenvolvimento Pessoal e Profissional. 2. Carreira profissional - Desenvolvimento. 3. Treinamento e Desenvolvimento. 4.Sucesso profissional - Administração I.
Editora Ser Mais Ltda.
rua Antônio Augusto Covello, 472 – Vila Mariana – São Paulo, SP – CEP 01550-060
Fone/fax: (0**11) 2659-0968
Site: www.editorasermais.com.br e-mail: contato@revistasermais.com.br

Índice

Apresentação..5

Capital humano - Diferença competitiva
Adam Willy Nöckel..7

Empresas socialmente responsáveis: terra boa para germinar o capital humano
Andréa Aguiar..15

Capital intelectual: O portal da mente
Benedito Milioni...23

Do Braço ao Cérebro
Cida Montijo..31

A preservação do capital intelectual como diferencial das organizações de sucesso
Dilmar Gonçalves da Cunha & Emerson Franco..................................39

Gerencie suas emoções e acelere os seus resultados
Douglas de Matteu & Thiago Fogaça..47

Como a Programação Neurolinguística – (PNL) – pode ajudar a potencializar atributos
Eduardo Leopoldo..55

Expandindo o Capital Intelectual por meio de Práticas Meditativas
Elisa Próspero..63

Motivando o nosso maior patrimônio, o ser humano
Eraldo Melo..71

Gestão de capital intelectual para fomento de inovação
Erno Paulinyi..79

A intenção estratégica como ferramenta para garantir o melhor aproveitamento do capital intelectual
Fabiano Parreiras...87

Procrastinação: não deixe o sucesso para depois
Fabio Arruda..95

A massa é cinzenta
Fredh Hoss...103

Capital Intelectual e Coaching: O papel do comportamento no alicerce do sucesso
Giulliano Esperança...111

Três competências essenciais para o sucesso pessoal e profissional
Gustavo Becker..119

O diferencial emergente para uma liderança de excelência
Jair Moggi..127

Capital intelectual: o principal ativo de uma empresa familiar
José Carlos Fonseca Ferreira...135

Capital Intelectual e o Jovem Brasileiro – Traduzindo conhecimento em resultados
Kátia Brunetti...143

Os desafios da gestão do conhecimento: o capital intelectual como fator competitivo no cenário empresarial brasileiro
Leonardo Lima...151

Capital Intelectual - Um bem intangível - O Maior Patrimônio de uma Organização
Luiz Claudio da Silva..159

Liderança Assertiva
Lunice Dufrayer...167

A Inteligência humana nas organizações
Márcia Rizzi..175

A comunicação interpessoal amplia o capital intelectual
Marinaldo M. Guedes..183

Segredos para construir uma vida de primeira classe
Oswaldo Neto...191

Capital Intelectual
Prof. Dr. Carlos Valente..199

Capital Intelectual - O Diferencial para a Vantagem Competitiva
Prof. Me. Pedro Carlos de Carvalho..207

Autonomia
Ricardo Salzano...215

Enriqueça a Matrix do seu Capital Intelectual
Rodney Melo..223

Fuja da Zona de Conforto - tomando CHA
Salatiel Soares Diniz..231

O capital humano na composição do capital intelectual
Sueli Batista..235

A força magnífica que brota das ideias
Vininha F. Carvalho..243

O Executivo e o Samurai
Walber Fujita..249

Apresentação

O sucesso de uma empresa depende da resposta que ela dá para a "pergunta de um milhão de dólares"

Queremos uma empresa que valorize a contratação de mão de obra ou de cabeças criativas, proativas e com alta performance?

Você, caro leitor, pode constatar que entre as empresas mais valiosas estão muitas que têm baixo capital material e altíssimo capital intelectual, ou seja, imaterial.

Os livros da Editora Ser Mais têm se pautado pelo aprofundamento da "discussão" de temas ligados ao desenvolvimento pessoal e profissional, gestão de quase todas as competências, Coaching, PNL e qualidade de vida.

Acreditamos no capital humano como fonte de inovações. O computador, que é o ícone da revolução ocorrida na sociedade moderna, faz muitas coisas impossíveis ao ser humano, mas não pensa.

Computadores ficam obsoletos e são trocados com regularidade. Não exagero demais ao afirmar que cabeças criativas são ativos quase insubstituíveis.

Grandes mestres contribuíram com suas ideias e conhecimento, para que você possa participar da discussão da importância e do valor do Capital Intelectual como diferencial competitivo.

Falo em discussão por que este livro não termina na última página. Através do site www.editorasermais.com.br você poderá interagir com os escritores, ampliar suas análises e tirar suas dúvidas.

Boa leitura!

Mauricio Sita
Coordenador da Coleção Ser +
Presidente da Editora Ser Mais.

Capital Intelectual

1

Capital humano
Diferença competitiva

"No passado, as fontes de vantagem competitiva eram o trabalho e os recursos naturais, agora e no próximo século, a chave para construir a riqueza das nações é o conhecimento".
Peter Drucker

Adam Willy Nöckel

Adam Willy Nöckel

Adm. de Empresas, pós-graduado em Gestão de projetos e Docência do Ensino Superior. Coach formado pela SBC (Sociedade Brasileira de Coaching) e Analista DISC, mais de 12 anos de experiência em cargos de gestão. Docente em Administração de Empresas, empreendedorismo e liderança. Consultor e palestrante na área de gestão, liderança e empreendedorismo para micro e pequenas empresas. Coach e diretor da WN COACHING.

Contatos
www.wncoaching.com.br
adam@wncoaching.com.br
Skype: wncoaching

Adam Willy Nöckel

Você já parou para se perguntar por que muitas empresas com características organizacionais parecidas, dentro dos mesmos ambientes competitivos muitas vezes têm desempenhos tão diferentes?

Por que empresas como Apple, IBM, Google e Microsoft estiveram em 2012 entre as cinco marcas com maior valor do mundo? Deixando para trás fortes concorrentes de peso? Isso sem tocar no nome da Coca-Cola, que há 13 anos ocupa o primeiro lugar na pesquisa.

Não são necessárias muitas análises e interrogações para chegarmos à conclusão que o que fez, faz e fará sempre a diferença nas organizações e no mundo, é o seu capital humano, sua capacidade de gerar informação e conhecimento, transformando-os em ações eficientes, eficazes e efetivas com foco nos resultados.

Os três aspectos responsáveis por dar sustentação ao crescimento organizacional são seus processos, a tecnologia e as pessoas. Quando um desses aspectos se torna deficitário o crescimento organizacional pode ficar comprometido.

Peter Drucker (1993, p. 183) afirma que: "No passado, as fontes de vantagem competitiva eram o trabalho e os recursos naturais, agora e no próximo século, a chave para construir a riqueza das nações é o conhecimento". Vendo por esse ângulo, quando é feita a soma do conhecimento dos indivíduos de uma organização, temos então seu capital intelectual.

Ao contrário dos ativos como móveis, imóveis, equipamentos e recursos financeiros, o capital intelectual é algo intangível e é este conhecimento que aprimora os processos, promove inovações em atendimento, produtos e serviços gerando dessa forma os melhores resultados organizacionais. Um grande exemplo disso é a Nike, que tem seu foco em P&D (pesquisa e desenvolvimento), projetos, marketing e distribuição, com um faturamento de 334 mil dólares por funcionário por ano; tudo isso é resultado do uso eficiente de seu capital intelectual.

A diferença na maior parte das vezes entre um profissional liberal que cobra R$ 100,00 a hora de seus serviços e outro que cobra R$ 2.000,00 é muito mais profunda do que a localização de seu local de atendimento e o conforto de seu ambiente de trabalho. Está mais relacionada a sua capacidade intelectual de gerar resultados positivos. Isso também se aplica às organizações e seus colaboradores, principalmente aos seus líderes.

Vale salientar uma questão: nem todo conhecimento é importante para a organização, e sim àqueles que estão alinhados aos seus objetivos estratégicos, ou seja, um colaborador que é um exímio pintor de quadros tem grande conhecimento nesta atividade,

Capital Intelectual

mas esse conhecimento será de pouca utilidade no setor contábil de uma instituição financeira. Assim, o conhecimento não se torna capital intelectual até que seja apanhado, organizado, armazenado e convertido em resultados para a organização.

Uma das principais funções da liderança é gerir o capital organizacional, e como já mencionamos anteriormente, em muitas organizações os ativos intangíveis são responsáveis pela maior parte de seu valor de mercado. Um exemplo disso é a Coca-Cola, que de acordo com a Digital Darwinism 1999 somente a marca correspondia a pelo menos dez vezes o valor de seus ativos físicos. E o que foi responsável por essa valorização?

E aqui cabe um dos grandes desafios da liderança nos dias de hoje. Onde no passado os líderes eram responsáveis por dizer a seus subordinados o que fazer, como fazer e quando fazer. Atualmente devem assumir uma postura diferenciada, pois além de serem os responsáveis pela orientação, formação e avaliação de sua equipe, também são eles que devem encontrar formas de extrair o conhecimento do grupo, alinhar esse conhecimento e compartilhá-lo com todos, possibilitando dessa forma um aumento exponencial do capital intelectual da organização. Não deixando de lado que todo conhecimento produzido tenha foco na geração de resultados positivos.

Como todos sabemos os mercados são implacáveis, eles não perdoam àqueles que não buscam a eficiência máxima em seu setor de atuação. Em contrapartida, são generosos com todos os que criam novas oportunidades. Em alguns mercados podemos notar com mais evidência que em outros, mas a verdade é a mesma para todos.

Empresas e organizações que se preocupam em buscar vantagens competitivas em seus mercados de atuação podem fazer uso extremamente favorável de seu capital intelectual, para tanto é importante transformar o conhecimento tácito em conhecimento explícito. Ou seja, identificar esses conhecimentos, extraí-los, compartilhá-los e armazená-los para que dessa forma a organização possa efetuar uma gestão de seu conhecimento.

Então cabe o questionamento. Onde buscar o capital intelectual da organização? Quais os lugares onde podemos localizá-los?

Podemos localizar o capital intelectual das organizações basicamente em três lugares:

- Infraestrutura

Esse é o local responsável principalmente por armazenar, transmitir e compartilhar o conhecimento produzido, são os sistemas de informação, laboratórios, sistemas de BI *(Business Intelligence)*. São eles que transformam o *know how* dos colaboradores em propriedade da organização de forma efetiva.

- Capital humano

Esta é a fonte principal do capital intelectual. É ela que gera inovações e renovação para a organização. Esse deve ser o ponto principal de todo trabalho de desenvolvimento de capital intelectual para as organizações.

- Relacionamentos

É na força do relacionamento que a empresa tem com seus clientes e fornecedores que a infraestrutura e o capital humano se transformam em resultados mensuráveis para a organização.

Esses três níveis se retroalimentam gerando informações um para o outro para que todo o processo possa evoluir e se desenvolver, possibilitando uma melhoria contínua, onde o valor das relações comerciais se tornam cada vez mais fortes, gerando novas e melhores oportunidades de negócio.

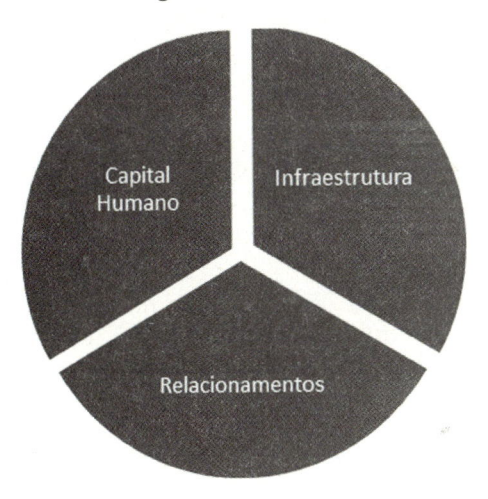

Para que todo esse processo possa ocorrer de forma adequada, o desenvolvimento da equipe de trabalho se torna o cerne da questão. Encontrar alinhamento entre os objetivos pessoais e os organizacionais, promover sinergia e colaboração entre as equipes e desenvolver uma liderança assertiva, empática e motivadora está entre as vantagens que se pode ter na aplicação do processo de Coaching.

Coaching como ferramenta de desenvolvimento de pessoas

Quando falamos em liderança, vários pensamentos percorrem nossa mente, desde a liderança autocrática e centralizadora até as lideranças mais descentralizadoras. Agora, qual é o perfil de liderança que a atualidade e o futuro nos pede? Devemos centralizar

Capital Intelectual

nossos esforços nos resultados ou nas pessoas?

Nenhuma organização sobrevive muito tempo sem ter resultados positivos, isso é uma realidade que todos sabemos, mas também sabemos que a atualidade solicita a cada dia com mais frequência organizações que se preocupem com o bem-estar de seus colaboradores, e o ponto fundamental está na junção desses dois aspectos.

O papel básico da liderança está em conduzir sua equipe rumo aos objetivos planejados, incentivando, motivando e desafiando a todos, para que assim esses objetivos sejam alcançados. Assim, todo processo tem início no desenvolvimento da liderança.

O Coaching é atualmente o processo mais poderoso no que diz respeito ao desenvolvimento de pessoas, pois reúne em sua caixa de ferramentas técnicas da psicologia, sociologia, administração entre outras áreas do conhecimento, sempre focando no resultado pretendido sem se esquecer das pessoas.

Quando falamos em resultados pretendidos, sejam eles pessoais ou organizacionais, a avaliação do que já deu certo e ainda está dando e do que não deu tão certo assim é muito importante, pois é ela que nos proporciona informações coerentes para a intervenção em hábitos que não estão alinhados aos objetivos pretendidos.

Hábitos são exatamente ações que tomamos durante o dia e muitas vezes nem temos completa consciência de suas consequências. Esses hábitos são adquiridos durante uma vida inteira, estão enraizados dentro da cultura organizacional.

A mudança de hábitos nem sempre é uma missão fácil; são necessários disciplina, envolvimento e comprometimento. O processo de Coaching contribui nesse sentido propiciando ao líder uma autoavaliação dirigida, focada, levando-o à ação em busca dos resultados almejados. Haja vista que para gerar capital intelectual para as organizações, à avaliação de resultados, reter o que é bom e transformar o que pode ser melhorado é de suma importância.

A aplicação das técnicas e ferramentas do Coaching conduz o líder a um autoconhecimento de seus pontos fortes e fracos para que, dessa forma, um plano de desenvolvimento seja traçado e seguido, mensurando sempre os resultados alcançados no decorrer do trajeto. Empresas que veem no capital intelectual sua grande estratégia competitiva necessitam contar com líderes de ponta, capazes de auxiliar suas equipes gerando e agregando conhecimento.

O papel do líder junto aos indivíduos que compõem as equipes é imprescindível, pois sua interação é um dos principais fatores responsáveis pela motivação da equipe, gerando uma missão e visão de futuro comum.

Quanto mais claro o líder tiver em mente a sua visão de futuro dentro da organização e da sua vida como um todo, mais fácil fica para que se possa traçar o caminho a ser percorrido e, assim, a missão, por consequência, guia as ações diárias. É extremamente difícil para um líder que possua uma missão e visão de futuro turvas conseguir motivar e engajar suas equipes de forma colaborativa.

Quando falamos que o processo de Coaching trata do ponto onde estamos para onde desejamos estar, a visão de futuro é promovida, trabalhada, lapidada.

Pesquisas da (PUC CAMPINAS) realizadas com 10 executivos que passaram pelo processo de Coaching apontam que 100% aperfeiçoaram a capacidade de ouvir, 80% melhoraram a flexibilidade, 80% aprenderam a aceitar melhor as mudanças e 70% evoluíram a capacidade de se relacionar. (Fonte: VOCÊ S/A)

Empresas e líderes que vivenciam o processo de Coaching descobrem que a eficiência, eficácia, efetividade podem ser sempre melhorados através do desenvolvimento do poder de comunicação, relacionamentos pessoais e interpessoais, conhecimento de si e do mundo que os cerca gerando foco, ação e resultado!!!

Referências

Chiavenato, I. *O Capital Intelectual*. http://facopi.com/escola/gconhec/O%20Capital%20Intelectual.pdf. Acesso em 20 jan. 2013.
Drucker, P. F. (1993). Post-Capitalist Society. New York: Harper Collins.be
EDVINSSON, L.; MALONE, M. S. *Capital Intelectual – descobrindo o valor real de sua empresa pela identificação de seus valores internos*, São Paulo: Makron Books, 1998.
MARQUES, J. R. (2012). *Leader Coach – Coaching como filosofia de liderança*. Ed. Ser Mais.
Relatório Interbrand. *As 100 marcas mais valiosas do mundo em 2012*
http://www.interbrand.com/pt/best-global-brands/2012/Best-Global-Brands-2012-Brand-View.aspx. Acesso em: 20 fev. 2013.
TAVARES, F. (2004). Ed. E-Papers, *Gestão da Marca Estratégia e Marketing*.

Capital Intelectual

2

Empresas socialmente responsáveis: terra boa para germinar o capital humano

"Certo homem saiu para semear [...] Algumas sementes brotaram logo porque a terra não era funda. Mas, quando o sol apareceu, queimou as plantas, e elas secaram porque não tinham raízes [...] Mas as sementes que caíram em terra boa produziram na base de cem, de sessenta e de trinta grãos por um." Mateus 13:3-8

Andréa Aguiar

Andréa Aguiar

Sócia Diretora do Instituto Virtue de Treinamento e Desenvolvimento. Mestre em Administração, pós-graduada em Gestão Estratégica de Recursos Humanos e Psicóloga pela UFMG. Master Coach Senior pelo Instituto Brasileiro de *Coaching* - IBC certificada internacionalmente pelo *Behavorial Coaching Institute* – BCI. Psicoterapeuta, consultora e coach de vida e de carreira. Palestrante dos temas: Escolha Profissional, Qualidade de Vida, Liderança, Motivação. Coautora do livro Master *Coaches*: casos e relatos dos mestres do Coaching, Ed. Ser Mais, 2012 e do livro Recursos Humanos uma Dimensão Estratégica, CEPEAD, 1999. Ampla experiência na área de RH, tendo coordenado por dez anos o Curso de Graduação Tecnológica em Gestão de Recursos Humanos numa instituição de ensino superior em Belo Horizonte. Professora de vários programas de MBA e especialização em Minas Gerais. Psicoterapeuta cognitivo comportamental e grafóloga.

Contatos
www.institutovirtue.com.br
andrea@institutovirtue.com.br

Andréa Aguiar

Em plena era da informação e do conhecimento, as transformações que ocorrem no mundo organizacional têm redefinido o papel das pessoas dentro das instituições. Nesse contexto, é o capital intelectual que garante a sustentabilidade das empresas e que revela o seu valor no mercado.

Segundo Edvinsson e Malone (1998), o capital intelectual é composto por três fatores:

-Capital humano: composto pelo conhecimento, expertise, poder de inovação e habilidade dos empregados, além dos valores, cultura e a filosofia da empresa.

-Capital estrutural: inclui equipamentos de informática, softwares, banco de dados, patentes, marcas registradas e tudo o mais que apoia a produtividade dos empregados.

-Capital de clientes: envolve o relacionamento com clientes e tudo o que agregue valor para os clientes da organização.

Esse artigo se refere exclusivamente ao Capital Humano, pois ele é a mola propulsora e alavanca o capital intelectual dentro das organizações.

O capital humano é formado pela experiência individual de cada empregado e de suas lideranças, o que envolve capacidades, conhecimentos, habilidades e criatividade. Tudo isso é transformado em produtos e serviços que agregam valor às organizações e, assim, aumentam a sua competitividade. Logo, esse capital nas organizações é, em muitos casos, mais importante que os capitais físicos, sendo fator primordial para o sucesso a médio e longo prazo das instituições.

O capital humano para se desenvolver precisa de condições favoráveis, a saber: processos de aprendizagem contínuos, ambiente propício para inovação e criatividade e para a transferência do que foi aprendido através de uma liderança que estimule a busca do conhecimento e garanta um espaço no qual seus colaboradores usem todo o seu potencial.

As organizações estão exigindo novas habilidades, conhecimentos e atitudes de todos os seus colaboradores. A maneira de desenvolver competências nas pessoas para que elas se tornem mais produtivas, criativas e inovadoras, a fim de contribuir para o alcance dos objetivos organizacionais é o treinamento e o desenvolvimento. E, por consequência, há um ganho profissional, intelectual e até emocional para o trabalhador. Olhando sob esse prisma, o investimento no desenvolvimento e na empregabilidade das pessoas faz parte de toda empresa que deseja ser socialmente responsável.

A responsabilidade social pode ser analisada em duas instâncias: a primeira relaciona-se com os trabalhadores e todas as partes afetadas pela empresa e que podem influenciar no alcance de seus resultados. A segunda refere-se às consequências das ações de uma

Capital Intelectual

organização sobre o meio ambiente, os seus parceiros de negócio e o meio em que estão inseridos.

Segundo Ethos (2007), no que tange à responsabilidade social, as organizações devem ir além das questões voltadas para o meio ambiente e para o desenvolvimento social da comunidade e da sociedade. Além disso, devem investir no desenvolvimento pessoal e profissional de seus empregados, bem como na melhoria das condições e relações de trabalho. Também devem estar atentas para o respeito às culturas locais, revelado por um relacionamento ético e responsável com as minorias e instituições que representam seus interesses.

Como se pode perceber, em virtude das contingências supracitadas, a demanda por treinamento e desenvolvimento é cada vez maior dentro das organizações. Assim, devido aos programas que aprimorem e desenvolvam competências técnicas, comportamentais e emocionais nos empregados alinhadas ao planejamento estratégico das organizações, a tradicional área de T&D ganhou mais espaço e relevância dentro das instituições.

O conjunto de mudanças implementadas nessa área tem sido denominado educação corporativa. Não se trata da criação de universidades no sentido amplo ou literal do termo, mas sim a própria área de treinamento e desenvolvimento voltada para aspectos mais amplos como alternativa estratégica para a educação de colaboradores, clientes e fornecedores, com o objetivo de atender as estratégias empresariais.

As disciplinas trabalhadas nos programas desenvolvidos pelas Universidades Corporativas devem estar perfeitamente alinhadas com o planejamento estratégico, com os objetivos e metas do negócio e com o modelo de competências da organização.

Nesse sentido, Lacombe (2005) relata que as organizações precisam ter pessoas competentes para produzir não se tratando de escolha, se treinarão ou não seus colaboradores, uma vez que as pessoas são admitidas, em grande parte, com as qualificações mínimas requeridas pelo cargo. Mesmo àqueles que possuem qualificações precisam constantemente rever seus conhecimentos e paradigmas em virtude das grandes transformações do século XXI.

> Para se adaptar ao novo ambiente competitivo, as empresas de maior porte, por disporem de mais recursos, têm sido as primeiras a reagir, criando condições para a aprendizagem continuada, criando universidades corporativas, incentivos para novas qualificações e várias outras práticas que incentivem o autodesenvolvimento dos seus funcionários. (VASCONCELOS; SILVA, 2004).

Nesse cenário, a rapidez na tomada de decisões e a capacidade de gerar resultados fazem parte dos principais atributos para o sucesso de qualquer empresa. Isso exige um novo estilo de liderança,

Andréa Aguiar

com características e atributos distintos. Agora e nos próximos anos, o diferencial será o talento humano e sua grande capacidade de inovar, gerando maior competitividade às organizações.

Como definir o que é talento? Como descobri-lo e como desenvolvê-lo ao máximo?

Na tônica do mercado global onde a competitividade e a exigência aumentam todos os dias, a gestão do capital humano torna-se a principal solução de sobrevivência para as organizações.

> As organizações estão em busca de profissionais qualificados, comprometidos, motivados e dentre outros treinados, e o que impera é o capital humano que vem agregar valor à empresa, pois estas na atualidade vivem na era na sociedade do conhecimento, cujas principais características, consideradas como forças econômicas, são o talento, a inteligência e o conhecimento (BERGAMINI, 1980).

O novo paradigma das empresas é transformar o trabalho de seus funcionários, tornando-o desafiante para os mesmos, respeitando o significado que o trabalho traz em si, produzindo motivações e prazer, como se a sua tarefa diária fosse seu hobby. Esse trabalho precisa gerar autoestima, produzir um reconhecimento autêntico pelo seu esforço mental desprendido, criar uma sinergia com os talentos dos outros envolvidos na equipe, usar a criatividade, servindo sua organização, com uma aprendizagem contínua e transformando tudo isso na missão de vida do trabalhador.

Santo Agostinho afirmou, "ninguém faz bem o que faz contra a vontade, mesmo que seja bom no que faz". Você precisa encontrar sua verdadeira vocação. Todos nós temos um chamado que precisamos atender se quisermos chegar mais perto da nossa realização pessoal *.

Assim, o momento atual exige que as empresas modernas se transformem em instituições responsáveis socialmente, focadas na aprendizagem contínua e no desenvolvimento do capital humano. Nesse sentido, a Gestão de Pessoas dessas instituições deve estar totalmente comprometida em treinar e desenvolver seus colaboradores a fim de que se tornem o diferencial de competitividade e sustentabilidade das organizações.

Além de promover treinamento e desenvolvimento, outra grande questão relativa à Gestão de Pessoas é a responsabilidade por promover um ambiente propício para a prática da criatividade e da inovação através do desenvolvimento de suas lideranças, como por exemplo, via implementação de programas de líder-coach.

A ferramenta mais atualizada, capaz de promover tais práticas e efetivamente garantir a aprendizagem dos colaboradores, desenvolvendo suas competências e habilidades, modificando seus comportamentos e atitudes, capaz de rever crenças e valores para alinhá-los

Capital Intelectual

com a cultura organizacional e, por fim, dar um sentido de missão e propósito para todos, chama-se Coaching. Trata-se de um modo muito simples, barato e efetivo de gerenciar pessoas que promove a aprendizagem contínua nas organizações e mudanças sustentáveis.

> Coaching é a maneira gentil de fazer crescer a consciência dos desequilíbrios existentes e de ajudar quem está sendo orientado a encontrar um caminho que beneficie seu trabalho e sua liberdade de ação. Isso envolverá a criação de uma visão de futuro ou ideal a se aspirar, em oposição à batalha que se trava pela sobrevivência ao se evitar problemas (WHITMORE, 2010).

A essência do coaching é liberar o potencial de uma pessoa para maximizar sua performance, ajudá-la a aprender em vez de ensiná-la. Pensar em potencial implica que há algo mais dentro de uma pessoa esperando para ser liberado (WHITMORE, 2010).

As organizações precisam pensar nas pessoas em termos do seu potencial, não da sua performance. Para tanto, é necessário acreditar que a capacidade já está lá e, só é possível pensar assim quando nosso sistema de crenças e valores é revisto. As organizações trazem dentro de si a crença básica que seus colaboradores devem ser avaliados e recompensados por seus resultados, pelo seu desempenho e pela sua performance. Elas se esquecem e, até mesmo, negligenciam o mapeamento de competências e o desenvolvimento de talentos como forma de encontrar talentos e despertar potenciais.

> O processo de *coaching* pode impactar positivamente os níveis de produtividade individual, principalmente em executivos de nível sênior, aumentando potencialmente a produtividade da organização inteira [...] Coaching resulta em aumento de conhecimento, aumento da autoconsciência e do desenvolvimento, e liderança mais efetivas (KAMPA; WHITE, 2002).

Qualquer organização que queira ter sucesso nesse mercado turbulento precisa implementar programas de líderes que façam com que suas lideranças assumam hábitos de um líder *coach*.

O líder *coach* cria a cultura do aprendizado e o desenvolvimento de competências técnicas, emocionais e comportamentais em seus liderados, estimula seus seguidores a terem iniciativa e participação nos processos decisórios, preparando-os para atuar de forma eficaz e ágil nos casos futuros de conflitos e adversidades ao promover uma equipe resiliente, adaptável e confiante.

Diante do exposto, conclui que não há uma organização responsável socialmente se não investir em seu público interno. E as raízes do sucesso só serão profundas naquelas que promovam o seu capital humano através de práticas que aumentam as competências individuais e coletivas, como o investimento em T&D, universidades corporativas, programas de desenvolvimento de líderes em *coaches* e ações que culminam num ambiente favorável à transferência de aprendizagem para o dia a dia das instituições.

Tais práticas alinhadas com as estratégias organizacionais são terreno fértil para o desenvolvimento do Capital Humano, pois atuam na formação de um profissional mais flexível e talentoso, e seus resultados vão além das habilidades diretamente relacionadas ou previstas nos programas de treinamento e *coaching*, extrapolando para o aumento da competitividade e da sustentabilidade das organizações.

Enfim, com terra boa a semente lançada só pode dar profundas raízes e fartura de frutos.

Referências

BERGAMINI, Cecília Whitaker – *Desenvolvimento de Recursos Humanos: uma estratégia de desenvolvimento organizacional*. São Paulo: Atlas, 1980.

DRUCKER, Peter F. *Gestão do conhecimento*. Coleção Harvard Business Review, Editora Campus. 2003.

EDVINSSON, L. MALONE, L. S. *Capital Intelectual*. Trad. Roberto Galmon. São Paulo: Makron Books, 1998.

KAMPA, S.; WHITE, R. P. *The effectiveness of executive coaching: what we know &what we still need to know*. In: LOWMAN, R. L. (Ed.). Handbook of organizational consulting psychology. San Francisco: Jossey Bass, 2002.

LACOMBE, Francisco José. *Recursos Humanos: princípios e tendências*. São Paulo: Saraiva, 2005.

VASCONCELOS, M. C. R. L.; SILVA, S. P. *O Uso de Programas de Capacitação de Recursos Humanos pelas PMEs: uma análise em Minas Gerais*. In: SIMPÓSIO DE GESTÃO DA INOVAÇÃO TECNOLÓGICA, 23. Anais..., Curitiba-PR, Brasil: PGT-USP, 2004.

WHITMORE, John. *Coaching para performance*. Trad. Tatiana de Sá. Rio de Janeiro: Qualitymark Editora, 2010.

Instituto Ethos. Temas e Indicadores. Disponível em: <http://www.ethos.org.br/docs/conceitos%5Fpraticas/indicadores/temas/>. Acesso em: 10 de janeiro de 2013.

Capital Intelectual

3

Capital intelectual: O portal da mente

Uma abordagem prática e sem rodeios do Capital Intelectual enquanto uma propriedade do indivíduo e das organizações, como pode ser formado e aplicado na fertilização da competência de compreensão e transformação do mundo, inspirado pela infinitude das capacidades da mente e da inteligência do ser humano. O viés da abordagem remete o Capital Intelectual também para os seus sabores emocionais e espirituais, enfim o necessário enfoque holístico

Benedito Milioni

Benedito Milioni

Graduado em Sociologia e Administração, 43 anos de carreira em RH, autor de 30 livros e 25 manuais técnicos, coautor em 11 livros, gerador de tecnologia em RH, dirigiu treinamento para mais de 3.289 grupos (cerca de 78.000 treinandos), dos quais perto de 34.000 da especialização de RH. Participa, regularmente, como conferencista sobre Tecnologia de Gestão em T&D em eventos nacionais e internacionais. Apresentou mais de 1.890 conferências e palestras. É Diretor Técnico da ABTD Nacional (Associação Brasileira de Treinamento e Desenvolvimento), pela qual foi o Coordenador Científico do CBTD 2001 - Congresso Brasileiro de Treinamento e Desenvolvimento, bem como do CBTD 2002, 2003, 2004 e membro da Comissão Científica em 2005, 2006 e 2007. E-Member Internacional da ASTD (American Society for Training and Development). Prestou serviços a mais de 340 empresas, no Brasil e no exterior (América Latina, América Central, África e Europa). Júri de prêmios de Excelência na Gestão de Pessoas. Publisher da Gestão de Pessoas em Revista.

Contatos
www.milioni.com.br
b.milioni@uol.com.br
milioni@milioni.com.br

Benedito Milioni

Podemos discorrer sobre o assunto Capital Intelectual sob vários enfoques. É um tema riquíssimo, que fascina os estudiosos da evolução humana e da infinita capacidade, descobertas e transformações inerentes ao ser humano. O enfoque escolhido para essas linhas certamente não é o mais importante, muito menos revolucionário, mas instigante, por que trata de uma lacuna sobre o autoconhecimento que deve ser suprida pelas pessoas que objetivam viver, crescer e surpreender na sociedade do Conhecimento!

Para que se possa melhor discorrer sobre o capital intelectual como portal da mente, é preciso que a expressão seja analisada singularizando as palavras que a constroem. Inicialmente, tome-se "capital" como agente de fomento, a exemplo do capital financeiro: com ele, é possível construir praticamente tudo, por que os ativos financeiros são a energia vitalizadora dos empreendimentos, em mesmo nível que a concepção desses, porém o sopro de vida essencial para a viabilização. E a palavra "intelectual" nomeia a zona nobre do cérebro e das suas funções ligadas à essência divina, promovendo imensas descargas elétricas na fusão dos poderes da mente, da alma e do espírito, se é que essas três dimensões são singulares em si mesmas ou plurais na sua unicidade. Como não tenho conhecimento para dar uma resposta, prefiro assumir que entendo ser possível juntar capital com intelecto e chegar à ebulição do capital intelectual como usina de energias para transformar o mundo e abrir as portas para outros mundos, em qualquer canto das bilhões de estrelas em cada uma das cem bilhões de galáxias do Universo (ufa!).

E por que portal da mente? Simples! O Conhecimento é o único acesso a tudo que já aconteceu e que poderá acontecer. É uma espécie de chave para abrir a si mesmo e revelar o que nem a mais delirantemente pôde imaginar e nem a mais precisa das inteligências capaz de explicar. Além do portal da mente... está ela mesma, que é tudo de que o ser humano precisa para entender as mensagens divinas escritas nas estrelas e astros, oferecendo respostas sobre a origem e o destino da Vida e onde se encontra a fonte do viver eternamente.

É preciso fertilizar o campo, para que ele agasalhe as boas sementes e as faça germinar. E é preciso fertilizar a mente, para lhe dar matéria e energias essenciais na elaboração do Pensamento e na mobilização das diversas inteligências. Como uma empresa, capitalizada, a mente intensifica o seu potencial de respostas. A administração correta do capital baseia-se em premissas que jamais podem ser negligenciadas e, nesse sentido, as recomendações que tenho como educador, passando da marca dos 100.000 alunos, tanto no meio universitário quanto no da Educação Corporativa, são as que registro a seguir:

Capital Intelectual

1) Conhecimento não ocupa espaço, amplia os espaços! Diante disso, não hesite um segundo que seja diante da opção por aprender "ou não", entender ou não, perceber ou não.

2) Conhecimento não pesa, apenas torna mais leve o fardo das incompreensões e dos equívocos que a espécie humana carrega em suas costas por opção, imposição, vícios de conduta e... desconhecimento. Esse fardo enevoa a visão e distorce a realidade, levando o ser humano a resvalar pela Verdade e escolher os caminhos mal iluminados, empobrecendo a sentido da sua vida.

3) Conhecimento é descoberta, portanto pergunte sobre tudo o que não saiba. Cada resposta que se obtém pelo menos nos ensina a perguntar melhor. Perguntando melhor permitimos que nossa mente entre em sintonia com a essência do que conhecemos e do que desconhecemos e isso é Conhecimento puro!

4) Conhecimento é a busca incessante pela verdade, por que em tudo existe a Verdade, mais ou menos ao alcance, há sempre o inevitável momento de compreensão. Portanto ouse questionar, desenvolva em suas atitudes o saudável espírito científico, qual seja o da dúvida sistemática!

5) Conhecimento é do que se dispõe no momento e o que está à frente, jamais no passado. O que se sabe é informação, é história, é caminho percorrido, portanto já cumpriu o seu papel. O Conhecimento é o que se descobre e que se apresenta com o frescor do novo diante de nossos olhos e nos faz transformar o mundo em que vivemos.

6) Conhecimento é energia aplicada, jamais verdade acumulada e arquivada. Se há troca de conhecimentos, há a ampliação do Conhecimento entre os agentes ativos da troca, por que nada, absolutamente nada é final, definitivo, conclusivo. Quando é feita uma troca de conhecimentos, mesmo os elementares, só há ganhos.

7) Conhecimento é semente: guardado, seca, murcha e vira matéria dura. Quando aplicamos o que aprendemos ou ajudamos a que outros o façam, na verdade estamos em ato de cultivo, pressupondo a germinação e a multiplicação de frutos, para saciar todas as fomes, a do dia a dia e a do saber o que vem depois da vida.

8) Conhecimento é bem comum. Ninguém é dono do que se

sabe, mesmo por que ninguém leva o Conhecimento consigo na passagem para outra dimensão ou na mudança de estado físico, como queira a crença de cada um. E o conhecimento só terá sentido se for compartilhado e colocado à disposição como fermento para expandir o universo de descobertas e conquistas de toda a humanidade.

9) Conhecimento não é fim em si e apenas etapa de tudo. Não existe um Conhecimento que resuma tudo o que se saiba e que se possa saber. Cada grande conquista, cada descoberta, como o do Bóson de Higgs, nada mais é que mais uma etapa vencida (nesse caso, os cientistas dizem que existem mais cinco tipos de Bóson, para explicar o Modelo Padrão que explica a origem do universo). Mais ainda: apesar de tudo, segundo a Organização Europeia para Pesquisa Nuclear, apesar de tudo o que se conhece sobre a origem do universo e aceleração da sua expansão, ainda falta explicar 95%!)

10) Conhecimento não se submete à lei alguma! Pelo contrário, quando não cria as leis, provoca motivos para a formulação de novas leis em todos os campos onde se planta e colhe o alimento do espírito: a busca incessante pelo Saber!

E quais são as ações práticas, ao alcance de todos, para a construção de um poderoso capital intelectual, na medida em que essas premissas estão bem assimiladas? Não são difíceis de serem levadas a efeito, embora requeiram feroz disciplina, compromisso com a continuidade e até mesmo um certo sacrifício, porém tudo regiamente recompensado pelos resultados! A par das recomendações de premissas acima, procuro dividir com meus alunos o que aprendi sobre:

1) Ler muito, intensamente, sobre todos os assuntos em que a curiosidade deitar os olhos e de forma seletiva. O mesmo tempo que se leva para ler um "bestseller" sobre sadomasoquismo, com certo título em voga nos dias atuais, é o necessário para ler o Mundo de Sofia, por exemplo, e tomar contato com o mundo fascinante da Filosofia e dos grandes pensadores que deixaram um mundo bem melhor após sua passagem através os escritos.

2) Informar-se sobre tudo, descartando o entulho que, às vezes, nos invade a caixa de entrada e a tela das nossas mídias eletrônicas. Um dia pode ser útil saber quem foi Margareth Thatcher, a Dama de Ferro da Inglaterra, ao invés das medidas dos glúteos da "bombada" em evidência!

Capital Intelectual

3) Falar menos e ouvir mais, discordar menos e entender mais, concluir menos e ponderar mais, dentre muitos outros comportamentos de abertura para o mundo, são medidas muito eficazes para ampliar a visão e a compreensão da pluralidade da existência, desde que singularidade só mesmo a de cada ser humano.

4) Jamais ficar em dúvida sobre nada! Não ficou claro, não está convencido(a), não está satisfeito(a) com o que foi dito ou mostrado? Pergunte! Pesquise! Entre a inquietação da dúvida e o alívio de saber, mesmo que não concordando, certamente a segunda opção é melhor!

5) Ler biografias de homens e mulheres que se notabilizaram pela transformação que fizeram no mundo das épocas em que viveram, mesmo de personagens da História que preferimos serem mantidos para além do sempre em seus túmulos! Nesses relatos de vida será possível identificar a força das mentes dessas pessoas, o quanto as suas ações foram provocadas por forte dispêndio de energia intelectual.

6) Terminou um curso de graduação? Comece outro! Depois desse outro, mais outro e assim por diante. Não dê trégua a sua capacidade de aprender, mantenha-a em permanente expansão e a resposta que ela lhe dará será na razão direta e exponencial do quanto a manteve ativa e crescente.

7) Viaje, viaje muito, sobretudo para os países com forte presença no desenvolvimento cultural do mundo e, neles, vá menos às compras e mais aos museus e espaços culturais. Você não será mais a mesma pessoa depois que visitar os cemitérios de Paris, por exemplo, e Verdun, na Bélgica, onde se travou a mais cruel batalha da Primeira Grande Guerra e morreram em alguns dias 250.000 homens, ou postar-se diante de um campo de concentração na Alemanha e também poderá jurar que nunca mais se cometerá atrocidade igual!

8) Menos churrascos e pizzas com cervejas e muito mais cinema de qualidade, teatro, shows de MPB e de música erudita. Dos primeiros nada fica após algumas horas e, de tudo que vem depois da conjunção "e", fica a compreensão mais clara da infinita possibilidade da aventura humana rumo à consciência divina.

9) Seja o que melhor puder em tudo o que faça, seja na pro-

fissão, seja no passatempo ou nas diversas práticas da consciência cidadã, religiosa e política. Assuma posições e lute por elas, até que lhe seja provado que possam estar equivocadas.

10) Escreva seus sentimentos, ideias, descobertas, percepções e tudo o mais que tenha feito a sua alma vibrar, seja de alegria ou de dor! Não deixe a sua experiência ficar esquecida e inerte, desconhecida até por sua sombra!

11) Abra-se para as novas experiências como flor ao sol resguardando, é claro, os limites éticos e do que seja socialmente justo e perfeito. Não hesite em, por exemplo, experimentar uma pimenta devastadora porque terá pelo menos motivos para fazer rir os seus parentes e amigos!

12) Saia da ostra! Sim! Saia de casa e vá interagir com a vida onde ela acontece, nas ruas, nos espaços públicos, nos centros culturais, nos locais de encontro de maneira geral e, se nada disso for possível, saia de casa e olhe para o céu e verificará que há o que aprender na linguagem do azul infinito e das nuvens, mesmo aquelas carrancudas, que ensejam trovões, raios e as tempestades que até assustam, mas que são naturais.

13) Desligue todos os seus aparelhos eletrônicos por algumas horas por semana e se permita ouvir o próprio silêncio, refletir sobre as coisas da vida e a respeito do que esta vem tentando ensinar. Aproveite e reserve um tempo para conversar sobre amenidades, interagir com as dimensões da existência das demais pessoas e tudo será mais saboroso para você porque, afinal, Conhecimento também é conhecer pessoas!

14) Ministre palestras, cursos, encontros de toda ordem sobre os assuntos que mais aprecia e estará aprendendo imensamente mais que transfere para as plateias além, é claro, de ajudar muitas pessoas a ampliar o repertório intelectual... e o seu capital!

15) Olhe os cenários habituais de forma diferente, sempre se perguntando se não haveria neles um novo composto, um detalhe mais precioso ou pelo menos como eles poderiam convergir de maneira diferente para os espaços de seu interesse. Essa ampliação sempre ajuda a incorporar algo novo ou aprender a como fazer o de sempre de forma nova.

Capital Intelectual

16) Sempre que puder, delete o que já sabe fazer, especialmente quando é feito "no piloto automático" e recomece, faça diferente, renove, inove, enfim, fuja da zona de conforto da rotina e mergulhe fundo no imenso oceano das possibilidades infinitas.

17) Se já sabe fazer, procure entender por que funciona, seja no que for, desde preparar um novo tempero para cobrir o miojo da madrugada fria, chuvosa e com tudo fechado, até entender o que acontece com seu notebook a cada vez que uma tecla é acionada. É fascinante o que se pode descobrir e aprender no corriqueiro, assim como naquilo que pode parecer um mistério insondável.

18) Já que o mundo é multifacetado, olhe para ele de forma aventureira, dispondo-se a apreciar todas as suas nuances, fugindo da tendência de estreitamento de visão, quando se opta apenas por aquilo que é conhecido, seguro, testado, aprovado enfim. Há muito o que aprender em situações e elementos da vida que não apreciamos como, por exemplo, entender a linguagem de um estilo musical de que não se gosta nem um pouco.

19) Dê problemas e desafios para sua mente! Ela vai ficar entretida com as buscas de soluções e será todos os dias melhor, apenas porque em exercício e, numa dada hora, ela o(a) surpreenderá com uma solução que nunca se supôs fosse capaz de compor.

20) Finalmente: não pare de sonhar, de imaginar, de mentalizar estágios e cenários sempre melhores, nos quais você seja o foco da excelência e o seu capital intelectual entenderá, enfim, que é isso que você quer e criará as condições para que concretize!

4

Do Braço ao Cérebro

Os revolucionários da antiguidade preconizavam a reforma agrária e a partilha de terras. Os da era industrial visavam a propriedade dos meios de produção. Hoje, é sobre o conhecimento que repousam a riqueza das nações e a força das empresas. (Referindo-se às mudanças da nova sociedade em relação às organizações Lévy e Authier -1995 apud ANTUNES, 2000, p.25)

Cida Montijo

Cida Montijo

Sócia-diretora da Interativa, Assessoria de Projetos e Consultoria Empresarial, e profissional com sólidos conhecimentos da área educacional, com mais de 20 anos de atuação. É consultora organizacional. Especialista Gestão de Processos e Pessoas (RH), Dinâmicas Organizacionais e Jogos Empresariais. Especialista em elaboração de Projetos Educacionais na Empresa para DH (Desenvolvimento Humano), Métodos e Técnicas de Ensino e Treinamentos, Gestão Estratégica de Pessoas e Competências. Especialista em Psicologia Organizacional, consultoria interna e relações de trabalho. Atua em projetos internacionais na preparação de profissionais, no suporte estrutural, científico e técnico das organizações; apoia empresários de PMEs, ONGs e COOPERAÇÕES INTERNACIONAIS. É palestrante e articulista. Pós-graduada em língua e literatura espanhola, psicopedagogia e pedagogia empresarial.

Contatos
www.inter-ativa.com
cida@inter-ativa.com

Cida Montijo

A história começa com os americanos recebendo de herança o DNA dos ingleses, que trouxeram consigo a discussão sobre o capitalismo. Hoje, são os EUA a maior nação que privilegia o empreendedorismo e a livre iniciativa do trabalhador. Abraham Lincoln, no seu decálogo, já preconizava algumas ideias que vêm de encontro com o movimento supracitado quando diz que *"Não se pode criar prosperidade desalentando a Iniciativa Própria."* Como decorrência desse movimento, o Intraempreendedorismo está sendo hoje o grande desafio das organizações e o diferencial de crescimento e de aplicação da capacidade humana, da sua inteligência e seu uso - tornado assim o CAPITAL HUMANO um atrativo indispensável e primordial do mundo corporativo.

Séc XXI, século das mudanças do mundo capitalista, cujos ativos das organizações deixam de ser imóveis, equipamentos, lastros em moedas de ouro, para se transformarem em algo intangível, mais humano, mais complexo. A Informação e o conhecimento passam a ser moeda de maior valor no mercado de trabalho do novo tempo. A teoria de Theodore Schultz (1973) mobilizou algumas ideias sobre a administração dos recursos humanos defendendo o modelo de que a estrutura organizacional, os recursos financeiros e tecnológicos contribuíam obviamente para a sustentabilidade das organizações, porém insuficientes; e que é por meio das PESSOAS a inteligência que infunde nova vida e dá o rumo à organização.

Fazendo uma analogia, entre a Era Industrial e a atual, Era do Conhecimento, com o tema 'guerra' podemos dizer que preparar uma guerra cibernética e nuclear é algo bem distinto. Basta que cessem os sistemas computacionais dos países, para que os subsistemas de energia, de comunicação e de transportes parem uma sociedade, gerando assim um caos total. O que mudou foi o tipo de exército, de grandes poderes bélicos, para um EXÉRCITO DE CÉREBROS. O cérebro humano torna-se a ferramenta mais poderosa e o maior ativo do capitalismo moderno do séc XXI e a física quântica a maior alavanca da nova sociedade do terceiro milênio. Alfred Marshall, em seus Princípios de Economia, enunciou: "O capital mais valioso de todos é o investido em seres humanos."

E, por isso, o termo CAPITAL HUMANO se faz tão presente nas organizações, pois a aplicação do conhecimento é a ferramenta mais sensível e inteligente das corporações. É importante lembrar que o homem é hoje o recurso mais enfatizado, pois é por meio de sua participação, motivação e criatividade, que é capaz de produzir com qualidade e propiciar à organização resultados surpreendentes.

Mas, na história da administração empresarial, as mudanças fo-

Capital Intelectual

ram lentas, morosas, muitas vezes questionadas, da forma de organização do trabalho à gestão dentro das empresas...

Lançando um olhar para as teorias administrativas

Tempo I - Taylor

E nessa exposição de fatos da administração, nem sempre o homem teve reconhecidas suas competências, suas habilidades. Embora inteligente, pensante, racional, emocional, nos modelos de gestão do final do século XXIV, foi ignorado, na sua essência, restando-lhe apenas a execução de atividades braçais, cujo valor intelectual nunca existira.

A administração mecânica de Taylor ratifica essa característica pela ênfase que dá à realização de tarefas, com o objetivo de aumentar apenas a eficiência operacional. Os trabalhadores eram colocados a serviço da organização em funções para as quais não tinham aptidões, o que os levava ao desinteresse total para realização das atividades relacionadas. Dessa forma, administração e trabalhadores viviam em constantes conflitos, eram inimigos naturais.

Ainda no início do século, dentro do próprio movimento Taylorista, o homem era um agente passivo, não era reconhecida sua capacidade intelectual e o que importava era sua produtividade, seu braço, sua força física – tempo de produção.

Tempo II - Ford

Henry Ford, na área de gestão de pessoas chegou a inovar; trabalhou a motivação de sua equipe para obter dela o melhor resultado. Para alcançar os objetivos que ele mesmo traçava, desafiava o grupo com estratégias, que pareciam impossíveis, mas os resultados eram inquestionáveis. Chamava seus funcionários e os motivava dizendo-lhes que um dia todos poderiam comprar seu próprio carro. Com essa forma de conduzir sua equipe, altamente motivada, conseguiu recompor a ligação entre o trabalhador e o fruto do seu trabalho. Era um líder extremamente carismático e sabia interagir de forma irrepreensível com seus empregados, fazendo-lhes acreditar nos seus sonhos e com isso, conquistava a adesão de toda sua equipe. Estava preocupado em liderar sua equipe. Motivação! Começava-se aqui a perceber que alguma coisa tinha de mover a equipe e que os resultados vinham por meio das pessoas.

Tempo III - Fayol

Henri Fayol foi considerado o 'Anatomista da Organização' (1916) por que veio com uma visão empresarial distinta para a época, pois focou sua atenção na divisão que se opera dentro das organizações, ou seja, departamentos, áreas, seções, unidades. Suscitou as funções administrativas (técnica, comercial, financeira, administrativa, contábil, de segurança). Criou uma abordagem racional e foi pioneiro na valorização do papel do gerenciamento. É o modelo de gestão administrativa que grande parte das organizações ainda aplica hoje, embora centralizadora, controladora. O ponto crítico comum de todas essas abordagens mecânicas é que o trabalhado era visto como um dos insumos produtivos, ao lado de equipamentos, matéria-prima e energia. Era chamado de 'homem-boi' pela força física e sua disposição ao trabalho. A criatividade, a valorização do homem como bem maior, o principal ativo da organização ainda não tinha sido reconhecido.

Tempo IV - Gestão burocrática

Gestão burocrática tem a ver com a gestão pública que, embora, ainda hoje seja conhecida pela sua lentidão e, muitas vezes, ineficiência, seu propósito era bem distinto. O poder independia das competências pessoais do sujeito que a exercia; a base fundamental do modelo era a importância do cargo, e do poder oriundo dele, não as habilidades do indivíduo que o ocupava. É fundamentado no trabalho coletivo, com divisão metódica do trabalho, claramente separadas as funções de direção e execução, do trabalho intelectual do operacional. Era ainda um modelo centralizador, estritamente rígido à hierarquia da autoridade, devendo, o subordinado, obediência estrita ao seu chefe imediato. O poder burocrático tolhia ao trabalhador criatividade e inovação, não favorecia o crescimento humano nem o trabalho integrado. Havia uma distribuição desigual de poder, no qual poucos podiam muito e muitos não tinham voz. Era um modelo opressor. Não obstante, o modelo foi capaz de gerir adequadamente a produção mecanizada, de larga escala, com grandes investimentos financeiros, o que caracterizava o capitalismo industrial.

Tempo V – Uma abordagem humanista

Dentre os autores humanistas, destaca-se Mary Parker Follett (1868-1933), chamada de "Profeta do Gerenciamento" (Em Resenhas, de MARY PARKER FOllETT, Rio de Janeiro: Qualitymark, 1997, 316 p.) por ter ideias muito avançadas para a época, pois defendia que a criatividade era um atributo do trabalhador. Seus ensinamentos eram incompreensíveis para o momento (anos 30 e 40), pois patrões e empregados tinham posições bem antagônicas. Embora assim, vivendo numa época

Capital Intelectual

dominada por homens, propunha uma forma mais adequada para a liderança, para o exercício da autoridade despersonalizando o ato de dar ordens, porém enfatizando a importância de uma tarefa, em vez dos direitos que uma pessoa tem sobre a outra. A respeito da liderança do poder, apresentou ideias relevantes afirmando que "cada membro do grupo tem poder exclusivo e soberano, derivado da combinação de conhecimentos, habilidades e experiências que possui. A função do gerente é ajudar os membros do grupo a perceber esse poder e unificar os poderes." "O 'dar ordens' necessita de tanto estudo e treinamento quanto qualquer outra habilidade que desejemos adquirir". Também Abraham Maslow (1908-1970) destaca-se, com a proposta da Hierarquia das Necessidades, demonstrando que o comportamento humano é motivado por uma gama de necessidades simultâneas e que cada ato, ação, pode ter mais de uma motivação que leva o indivíduo à sua realização. Outro ponto importante do estudo refere-se aos objetivos finais das pessoas no que diz respeito à motivação, e não nos objetivos intermediários que são os meios usados para se atingir os finais.

Com o crescimento das organizações e a complexidade assumida pela sociedade a partir do final do século XX e da globalização, fez-se necessário o surgimento de novas formas de trabalho, de inovações que superassem todas essas limitações.

Tempo VI – Do Capital Intelectual

Dentro da linha descritiva da história do homem na administração das organizações, surge por primeira vez o termo "Capital Intelectual" em uma 'carta endereçada ao economista polonês Michael Kalecki (1689-1970), que teria mencionado a palavra capital intelectual. Segundo Bontis, o economista Galbraith teria sugerido que capital intelectual estaria mais relacionado a "ação intelectual" do que ao "conhecimento", ou "intelectualidade pura", assim poderia ser um "criador de valor" ou um "ativo". Para Karl Sveiby o capital intelectual é um recurso estratégico e ilimitado'.

Dessa forma, Capital intelectual é a soma dos conhecimentos de todos em uma empresa, o que lhe proporciona vantagem competitiva. Ao contrário dos ativos, com os quais empresários e contadores estão familiarizados – propriedade, fábrica, equipamentos, dinheiro – constituem a matéria intelectual: conhecimento, informação, propriedade intelectual, experiência, que pode ser utilizada para gerar riqueza. (Thomas Stewart -1998, p.13).

Para vários autores, o capital intelectual e seus conhecimentos são intangíveis, pois são resultados de infinitas mudanças, ocasionadas

(HTTP://WWW.SCIELO.BR/PDF/RAE/V37N2/A09V37N2.PDF - POR DELMO ALVES DE MOURA, PÓS-GRADUADO NO CEAG DA EAESP/FGV E PROFESSOR DO DEPARTAMENTO DE ADMINISTRAÇÃO DA FACESP/FECAP.)
(FONTE HTTP://PT.WIKIPEDIA.ORG/WIKI/CAPITAL _ INTELECTUAL)

pela globalização, pela tecnologia da informação, pela mídia e pela comunicação, trazendo com isso benefícios para as empresas, fazendo-as desenvolver-se de acordo com a velocidade dos tempos atuais.

Sobre o conhecimento

Segundo Toffler (1980), vivemos um momento identificado como "Terceira Onda" ou ERA DO CONHECIMENTO, caracterizada pelo poder do cérebro, cuja informação assume maior relevância como recurso econômico.

Também Peter Drucker (1996) ratifica a ideia de que o conhecimento, e a inteligência das pessoas são os agregadores de valor aos produtos e aos serviços. Ele diz que o conhecimento passou a ser 'O' recurso e não 'UM' recurso.

Ainda para Paiva (1999) é o conhecimento o diferencial competitivo para as organizações que sabem encontrá-lo, mantê-lo e utilizá-lo como bem maior.

O conhecimento é a base de geração de riqueza das organizações, pois o conhecimento tácito e a inteligência bruta podem transformar-se em capital intelectual desde que isso agregue valor ao que se produz, bens e serviços.

Trabalhos em equipe, grupos colaborativos podem pensar conjuntamente, inovar, criar diferenciais e solucionar problemas, algumas vezes complexos. Para isso, é preciso prepará-los, educá-los, treiná-los e desenvolvê-los para que possam fazer as grandes transformações organizacionais que o mundo contemporâneo exige.

Assim, gestão do conhecimento torna-se imprescindível, pois existe real necessidade de se desenvolver sistemas e processos, aumentar a geração das informações mais relevantes, bem como ampliar o aprendizado individual e coletivo. Para Rigby (2000), o sucesso das empresas está na base de conhecimentos distintos.

Capital Intelectual é uma fonte imensurável e um diferencial competitivo das organizações. Segundo Brooking, apud Antunes & Martins (2002 http://www.gestiopolis.com/recursos3/docs/ger/capintel.htm) pode ser dividido em quatro grupos: a. Ativos de Mercado são ativos relacionados ao mercado, ou seja, marca, franquia, fidelidade de clientes, negócios em andamento... b. Ativos Humanos são benéfices oriundas de pessoas como: criatividade, conhecimento, capacidade de solucionar problemas, trabalhar em equipe, visão holística...c. Ativos Propriedade Intelectual estão ligados à patentes, know-how, copyright, segredos industriais...d. Ativos de Infraestrutura são compostos pelo banco de dados de clientes, tecnologias,

Capital Intelectual

sistema de informações, metodologias gerenciais, riscos, etc.

Do braço ao cérebro! Capitalismo intelectual, investimento intensivo em conhecimento e estímulo ao intraempreendedorismo, cujo trabalhador participa das mudanças, inova e cria oportunidades para que os conhecimentos particulares venham a público e os conhecimentos não explorados se tornem explícitos. "Quando indivíduos conseguem captar para si mesmos, quase todo o valor de seu capital humano, muitas vezes se tornam autônomos. Mas, para a maioria de nós, existe algum valor econômico gerado pelo fato de integrarmos uma organização, uma razão pela qual o trabalho que fazemos em conjunto vale mais do que a soma de nossos esforços individuais. A organização detém direitos legítimos sobre o capital humano. Legítimos, mas não exclusivos." (Trecho extraído de Intelectual Capital, de Thomas A. Stewart - http://exame.abril.com.br/revista-exame/edicoes/0642/noticias/a-nova-era-do-capital-intelectual-m0053147).

Referências

CHIAVENATO I. *Teoria geral da administração*. v.1. 3.ed. São Paulo (SP): McGraw-Hill; 1987.

CHIAVENATO I. *Introdução à Teoria Geral da Administração* - Makron Books - 4.ed. Colaboração Acadêmica de Fragoso, Moysés Barsottelli.

http://www.scielo.oces.mctes.pt/pdf/cog/v14n2/v14n2a07.pdf

http://books.google.com.br/books?id=Qq9fzUeK8yQC&pg=PA87&lpg=PA87&dq=Abraham+Maslow+Hierarquia+das+Necessidades&source

Motta FCP. *Teoria geral da administração: uma introdução* - 19.ed. São Paulo (SP): Pioneira; 1995.

SCHULTZ, T. W. *O valor econômico da educação*. Rio de Janeiro. Editora: Zahar, 1973.

STEWART, Thomas A. *Capital intelectual: a nova vantagem competitiva das empresas*. 2.ed. Rio de Janeiro: Campus, 1998.

5

A preservação do capital intelectual como diferencial das organizações de sucesso

"Conhecimento é poder...e quando aplicado nas organizações é chamado de capital intelectual!"
As organizações de sucesso são as empresas que conseguem reter e utilizar com maestria o capital intelectual de seus colaboradores, agregando valor de maneira contínua ao seu negócio

**Dilmar Gonçalves da Cunha
& Emerson Franco**

Dilmar Gonçalves da Cunha
& Emerson Franco

Dilmar Gonçalves da Cunha: mestre em Engenharia Elétrica, especialista em Tecnologia da Informação e bacharel em Engenharia Elétrica. Atuando há 33 anos na área de engenharia de manutenção de sistemas elétricos de potência, com experiência profissional em comissionamento e manutenção preventiva e corretiva de equipamentos de proteção e controle de subestações e usinas. Nos últimos anos tem trabalhado no desenvolvimento, suporte e manutenção de um sistema especialista para retenção do capital intelectual, a princípio utilizado em manutenção de equipamentos, porém com um grande potencial para ser aplicado em outras áreas do conhecimento.
Contatos
www.rme-web.com
dilmarcunha@gmail.com
Telefone : (31) 9888-5736

Emerson Franco: coach pessoal e profissional, especialista em gestão de pessoas com ênfase em educação, pós-graduado em Engenharia de Vendas atuando há 20 anos em grandes empresas multinacionais. Possui formação em Personal & Professional Coaching, Executive e Leader Coach pela SBC – Sociedade Brasileira de Coaching licenciada pelo ICC – International Coaching Council.
Contatos
www.emersonfranco.com.br
emerson.franco.coach@gmail.com
(31) 9282-6169

Dilmar Gonçalves da Cunha & Emerson Franco

Era do Conhecimento

Vivemos na era pós-industrial, também conhecida como era do conhecimento.

A história de como a humanidade se organizou para o trabalho passa por três etapas distintas:

- Era Agrícola - Duração: 10.000 anos - Utilizava força muscular e energia da natureza;
- Era Industrial - Duração 200 anos (1750 – 1950) – Utilizava máquinas e buscava padronização das atividades;
- Era Pós-Industrial I ou Era da Informação/Comunicação (1951 – 1995) Utiliza redes de computadores para gestão da informação.
- Era Pós-Industrial II ou Era do Conhecimento (1995 – aos dias de hoje). Utiliza capital intelectual para gerir e aplicar o conhecimento.

Na era Pós-industrial I ou sociedade da informação e da comunicação, as mudanças e inovações tecnológicas ocorrem em uma velocidade incrível e o trabalho intelectual ocupa papel importante para agregar valor aos produtos e serviços das empresas.

A Pós-Industrial II ou Era do Conhecimento é caracterizada pela necessidade de desenvolvimento da habilidade seletiva diante do bombardeio de informações que a era tecnológica da informação e comunicação nos apresenta nos dias de hoje.

Conforme Peter Drucker: "As atividades que ocupam o lugar central das organizações não são mais aquelas que visam produzir ou distribuir objetos, mas aquelas que produzem e distribuem informação e conhecimento".

Sendo assim, o capital humano, ou melhor, a maneira como as pessoas utilizam o conhecimento em prol dos resultados é o que faz a diferença nessa nova e dinâmica sociedade.

Mas quando falamos de capital humano das empresas, falamos de algo intangível, e que está literalmente na cabeça de cada trabalhador. Portanto, o grande desafio é identificar, multiplicar e reter esse capital intelectual nas organizações.

Capital Intelectual das organizações

O capital intelectual das organizações nada mais é que o conjunto acumulado do capital intelectual dos indivíduos dessas organizações.

Capital Intelectual

O capital intelectual dos indivíduos é a capacidade de transformar informação em conhecimento que possa ser aplicado pelas organizações.

O conceito de Capital Intelectual é algo recente e significa a soma dos conhecimentos de todos os colaboradores de uma empresa.

Porém, a soma desses conhecimentos é algo invisível e intangível, mas que efetivamente está presente nas organizações e está diretamente ligado aos resultados das mesmas.

Necessidade de preservação do capital intelectual

Existe uma necessidade primordial para as empresas da era do conhecimento, que é a da preservação do seu capital intelectual, pois se esse capital está alocado na cabeça dos trabalhadores podemos afirmar que cada indivíduo que deixa o seu emprego leva embora parte desse capital e cada indivíduo que chega pode trazer novos conhecimentos.

Logo, é importante criar um mecanismo para retenção dessas informações e experiências dos trabalhadores pelas empresas.

Essa preservação pode trazer inúmeros benefícios no curto, médio e longo prazo para as organizações, pois com essa troca de experiências e atualização do conhecimento elas podem se tornar mais competentes e produtivas.

Implantação de um programa de retenção do capital intelectual

A implantação de um programa de retenção do capital intelectual inicia pela necessidade de compartilhamento das informações e experiências dos indivíduos.

Portanto, aí está o primeiro desafio das organizações, que é o de criar um ambiente favorável para essa troca, que incentive as pessoas a colaborar e a serem reconhecidas por isso.

O reconhecimento pode ser material, através de prêmios em dinheiro, brindes ou imaterial, através de mecanismo de reconhecimento público e individual.

O ponto principal, porém, é criar um cenário onde o capital intelectual das organizações seja preservado e o capital intelectual dos indivíduos seja aumentado através dessa troca.

Tecnologia e gestão do conhecimento

O segundo desafio da implantação de um programa de retenção do Capital Intelectual está na gestão eficaz da enorme quantidade de informação gerada, para que ela efetivamente seja utilizada de maneira produtiva para as empresas.

Felizmente podemos contar com o auxílio da tecnologia para essa tarefa de organização das informações e geração do conhecimento.

Uma alternativa eficaz é a utilização de softwares que funcionam como verdadeiros repositórios de informações confiáveis e atualizadas e que podem, por sua vez, ser acessados por diversas pessoas em diferentes lugares.

RME-Web: Exemplo de Aplicação de retenção do capital intelectual em equipes de manutenção

Para ilustrarmos o conceito de retenção do capital intelectual vamos apresentar um case de sucesso na área de manutenção, que é o RME-Web - Rede de Manutenção Especializada em Equipamentos na Web.

Trata-se de um **sistema especialista (expert system)** desenvolvido sob medida para reter o conhecimento de profissionais especializados do ramo de manutenção.

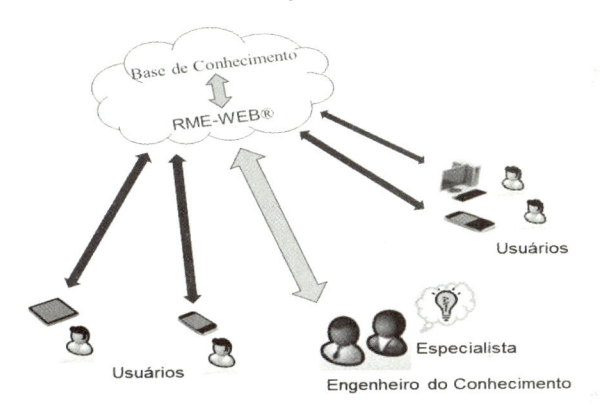

Figura - Topologia nas nuvens do sistema especialista RME-WEB®

Historicamente, os profissionais especializados são aqueles indivíduos com grande habilidade em sua área de atuação, cujo conhecimento transcende a simples informação teórica, mas possuem grande experiência e capacidade prática.

A questão é que esse saber faz parte do patrimônio do indivíduo e deve ser compartilhado e retido pelas organizações.

O RME-Web possui a característica de capturar o "olhar" único desses profissionais através de um processo de aquisição do conhecimento especializado dos profissionais de manutenção, organizar de forma padronizada e colaborativa as melhores práticas de manutenção, e disponibilizá-las a todo o pessoal envolvido no processo de manutenção da empresa.

Capital Intelectual

Tratando-se de manutenção em equipamentos, temos uma infinidade de informações e critérios disponibilizados pelos fabricantes para que os equipamentos tenham uma alta durabilidade e eficiência.

Portanto o RME-Web consegue reunir as informações dos fabricantes com as melhores práticas dos especialistas em uma base de conhecimento (*knowledge database*).

O sistema possui uma interface amigável e flexível que tem como ponto de partida a definição de uma estrutura que irá receber os dados coletados dos especialistas.

É necessária a figura de um engenheiro do conhecimento (*knowledge engineer*) que conhece a estrutura e possui a missão de extrair dos especialistas o melhor modus operandi de determinada prática de manutenção.

Uma vez alimentado, o sistema passa por revisões e aprimoramentos por meio da prática e utilização constante dos profissionais, em um processo de melhoria contínua.

Em termos práticos, primeiramente são levantados todos os equipamentos da instalação. Essa é a fase de cadastramento inicial.

A partir daí, as atividades de manutenção críticas são priorizadas e acompanhadas pelo engenheiro do conhecimento que captura os passos principais dos procedimentos de manutenção realizados pelos especialistas e os organiza no sistema. Essa é a fase de padronização.

Após a fase de padronização, os usuários associam os procedimentos padronizados aos equipamentos cadastrados das instalações.

A partir daí se inicia o ciclo PDCA da rotina de manutenção.

As futuras manutenções são realizadas de acordo com os padrões estabelecidos e os resultados obtidos cadastrados no sistema.

Nesse ciclo, os procedimentos vão sendo melhorados a cada intervenção de forma colaborativa, de modo que o modus operandi dos especialistas vão sendo acumulados, retendo-se assim esse importante conhecimento.

É importante salientar que o RME-Web é uma aplicação Web que utiliza os atuais recursos tecnológicos disponíveis, e é acessado por qualquer navegador de internet (Internet Explorer, FireFox, Chrome, Safari etc.).

Portanto, permite a utilização de tablets e smartphones (iPad, iPhone e toda família Android) como coletores de dados.

Assim, os serviços de manutenção são realizados segundos os padrões estabelecidos e os resultados obtidos cadastrados nesses coletores, instantaneamente disponibilizados pelo sistema.

Finalmente, o sistema fornece indicadores gráficos e relatórios para o monitoramento e controle da qualidade dos serviços de manutenção.

Dilmar Gonçalves da Cunha & Emerson Franco

Conclusão

A efetiva gestão do capital intelectual transforma-se em um ativo importante para as organizações de sucesso.

Essa discussão é fundamental para podermos transformar o conhecimento em resultados para as pessoas e organizações.

Mais informações podem ser obtidas no site do Projeto RME -WEB: www.rme-web.com.

Referência

CUNHA, Dilmar G. - Dissertação de Mestrado da UFMG – outubro/2007: *Modelo de Manutenção Integrada para Equipamentos de Sistemas Elétricos e Ferramentas Computacionais de Suporte*: http://www.bibliotecadigital.ufmg.br/dspace/bitstream/1843/BUOS-8D4GXG/1/376m.pdf

Capital Intelectual

6

Gerencie suas emoções e acelere os seus resultados

Imagine como seria acelerar seus resultados? Imagine você tendo domínio de suas emoções, gerenciando seus sentimentos e alcançando resultados extraordinários...
Descubra agora algumas técnicas que podem moldar o seu futuro

Douglas de Matteu & Thiago Fogaça

Douglas de Matteu & Thiago Fogaça

Prof. Me Douglas de Matteu, Ph.D. (c): Mestre em Semiótica, Tecnologias da Informação e Educação, especialista em Marketing, Educação a Distância e em Gestão de Pessoas com Coaching, Bacharel em Administração de empresas. **Master Coach** pelo Metaforum com reconhecimento internacional. Doutorando em *Business Administration* pela FCU. Docente na Fatec de Mogi das Cruzes, Faculdade Unidade de Suzano - UNISUZ e em cursos de pós-graduação. Coordenador do Grupo de Ensino e Pesquisa em Liderança e Coaching – GEPLICO da FATEC. Presidente da Associação Brasileira dos Profissionais de Marketing. Diretor do Instituto Evolutivo – Coaching & Marketing. Desenvolve treinamentos in company, palestras, Coaching. Coautor de mais de dez livros.
Contatos
www.institutoevolutivo.com.br
www.douglasmatteu.com.br
douglas@institutoevolutivo.com.br
(11) 3419-0585

Thiago Fogaça: Diretor do Instituto Caminhos – Treinamentos e Coaching - Head Trainer & Treinador Comportamental. Coach de Qualidade de Vida, Líderes e Times de Alta Performance. Practitioner em Programação Neurolinguística, Counseling em Análise Transacional, Palestrante & Terapeuta.
Contatos
www.institutocaminhos.com
thiago@institutocaminhos.com

Douglas de Matteu & Thiago Fogaça

Em algum momento da sua vida, talvez, você deixou de ter controle das suas emoções e acabou se arrependendo de alguma atitude tomada?
Será que teve dias em que você se encontrava desmotivado, sem forças para trabalhar ou até mesmo para sonhar? Algum momento da sua vida faltou confiança para executar alguma tarefa ou para enfrentar algum desafio na vida? Confiar em si mesmo é uma tarefa difícil? Conseguir se colocar no lugar das outras pessoas pode ser algo que o incomoda?
Atualmente torna-se notória a relevância da Inteligência Emocional - IE, descrita por "...IE excedeu de longe aquelas expectativas, comprovando ser um poderoso modelo para a educação na forma de aprendizado social/emocional, e é reconhecida com ingrediente fundamental de liderança destacada, assim como um agente ativo para vida plena" (GOLEMAN, 2012, p.7).
Tendo como referência, o autor podemos fazer uma breve reflexão. Você tem vivido plenamente? Pense e talvez você perceba que em alguns momentos da vida poderia ter agido diferente e certamente após uma avaliação, chega a conclusões que foram tomadas por falta de controle emocional.
Encontramos nas empresas, profissionais de níveis técnicos e acadêmicos excepcionais, porém agressivos, desmotivados e incapazes de desenvolver bons relacionamentos.
É cada vez mais claro que as empresas contratam as pessoas por suas características técnicas e as despedem pelos seus comportamentos.
No mundo contemporâneo, as organizações são mais seletivas no momento das contratações, e submetem os candidatos a diagnósticos comportamentais. Um dos mais poderosos que conhecemos é o "SOAR" que identifica as tendências do indivíduo em 4 traços de personalidades: Dominante, Extrovertido, Paciente e Analítico e 4 subtraços: não dominante, introvertido, impaciente e não analítico. Essa ferramenta fornece valiosas informações, em um relatório precioso que permite identificar a relevância dos aspectos subjetivos, relacionados a habilidades e comportamentos, com o objetivo de refinar a escolha do candidato para atender o perfil da organização, potencializando bons relacionamentos entre os colaboradores, sendo também uma bússola para o autodesenvolvimento, em especial para ser utilizado em processos de Coaching.
Desenvolver a IE pode ser um diferencial competitivo no ambiente de trabalho, gerenciar suas emoções e principalmente ter a habilidade de gerar empatia com outras pessoas.
Agora, convidamos você a olhar para o aspecto pessoal da sua vida. Algumas pessoas acreditam que esse assunto pode passar

Capital Intelectual

"despercebido" pela vida, pois acreditam que essas habilidades se desenvolvem sozinhas.

Existe a possibilidade de algumas partes da Inteligência Emocional serem desenvolvidas sozinhas, porém, apenas poucas e é muito provável que para que isso aconteça, seja necessário tomar alguns "tombos" para então poder conseguir olhar a *"semente de sabedoria que existe em cada adversidade."*

Essa regra também conhecida como **Regra de "90/10",** de Steve Covey (2011) afirma que nós possuímos o controle de apenas 10% do que acontece em nossa vida, os outros 90% se deve à forma como nós reagimos aos acontecimentos que não possuímos controle.

Imagine você dirigindo seu carro lindo e maravilhoso em sua cidade, escutando o som que gosta, pensando no que irá fazer ao longo do dia, bem tranquilo e sossegado, e repentinamente outro motorista atravessa a sua frente e quase o faz você bater seu carro! Qual a sua reação? Talvez, ofender o outro motorista, jogar o carro em sua direção, iniciar uma perseguição ou talvez gerenciar seu estado, refletir e buscar entender o que houve, com foco na solução.

Este último comportamento talvez seja o menos estressante e mais adequado. Afinal o que está feito está feito, lembre-se da regra 90/10 de COVEY(2011), nessa situação busque a reação que mais o protegerá e preservará sua integridade. Agindo assim, você pode evitar muitas confusões em sua vida, você começará a assumir o efetivo gerenciamento das suas emoções e, consequentemente, eliminará muitas situações desconfortáveis. Infelizmente, algumas pessoas só aprendem essa lição após anos de vida. Quanto tempo vai demorar para você aprender?!

É inútil pensar que podemos evitar que: o voo atrase, o farol fique vermelho, o trânsito aumente, que chova ou que alguém se atrase. Quando assumimos uma postura de controle das emoções determinamos como vamos reagir a cada situação.

"A vida não é do jeito que queríamos que ela fosse... Ela é do jeito que é! A forma como lidamos com ela é que faz total diferença."
(Virginia Satir)

Faz sentido? Se fizer, convido você a verdadeiramente a observar como andam seus comportamentos. Após identificá-los, escreva-os em um caderno, e utilizando o princípio "90/10", pense quais comportamentos seriam mais adequados para cada situação, e então coloque em prática!

Fazendo isso, você tem condição de melhorar seus comportamentos e assim desenvolver-se mais.

Muitas vezes, nos deparamos com pessoas que fazem nos sentirmos **INADEQUADOS** aos olhos da sociedade. E quando isso acontece, temos a tendência de sentir vergonha de coisas comuns e naturais do ser humano.

Acreditamos no que escutamos e criamos um modelo de mundo negativo sobre a vida.

Exemplos de geradores de modelos de mundo negativos:

- Quem tem medo é fraco;
- Ficar triste faz de você uma pessoa chata;
- Ser alegre é ser bobo;
- Engole este choro menino;
- Não confie em ninguém;
- Dinheiro é sujo e só causa brigas;
- Você não é capaz de ter sucesso;
- A vida é dura, é difícil;
- Entre outras...

Quando isso acontece, principalmente na nossa infância, acreditamos que isso é algo verdadeiro, e a consequência disso, é que passamos a enxergar a realidade assim como fomos programados. Enquanto não tomamos a decisão de perceber o mundo de outra maneira passamos a ser escravos de uma suposta realidade criada por outro.

Podemos questionar alguns paradigmas da vida e dar significados que fazem bem para nós, no lugar de acreditar em coisas negativas e limitantes que disseram e que acreditamos ser verdade.

A felicidade, como a infelicidade, é uma escolha proativa. Há situações que nosso círculo de influência jamais conseguirá abranger. Mas, como pessoas proativas, podemos ser felizes e aceitar os fatos que não podemos controlar e concentrar esforços no que podemos mudar (COVEY, 2011).

O pensador e médico Carl Jung destaca "Aquilo a que você resiste, persiste", ou seja, **Tudo que nós reprimimos, persiste.**

Em nossos treinamentos, costumamos trabalhar com as emoções no sentido de liberá-las de modo positivo. Mas como gerenciamos algo que não temos contato, ou que acreditamos não ter contato?

No livro "Efeito Sombra" de CHOPRA, FORD, WILLIAMSON, (2010), os autores citam o exemplo das "Bolas de Praia" que tentamos levar para o fundo da piscina. Ela explica que quanto mais tentamos fazer com que as bolas fiquem debaixo d'água, fica cada vez mais difícil segurá-las lá. Se não assumimos o controle de nossas emoções, mais riscos nós corremos delas subirem à superfície em momentos inadequados e quando isso acontece, as consequências podem ser as piores.

Somente aceitando tudo em nossa vida, exatamente do jeito que é sem julgamentos ou autocrítica, podemos analisar e ver o que precisamos e podemos mudar. Esse é talvez o primeiro passo para iniciar o processo de aprendizagem que o conduza ao gerenciamento de suas emoções. Em um ambiente seguro, podemos externalizar essas emoções dizendo:

"*Eu a aceito como parte importante de mim, e a partir de agora, somos amigos que se respeitam mutuamente, quando você quiser vir me visitar a nível consciente, sinta-se à vontade e peço que você também me aceite e entenda quando eu disser para você esperar o momento ideal para que possamos bater um papo agradável e ajudar um ao outro*".

Em nossas experiências com treinamentos e coaching, essa é uma das melhores estratégias para iniciar o gerenciamento das nossas emoções. *Aceitando-as.*

Todos os recursos estão dentro de nós

Seguindo o pressuposto da PNL (O'CONNOR, 2011), entendemos que nós possuímos todos os recursos que precisamos dentro de nós mesmos. Mas o que isso quer dizer?

Se precisarmos de qualquer estado interno, nós podemos buscá-lo dentro de nós! Somos capazes de gerar os recursos necessários para qualquer situação das nossas vidas. *Por exemplo:*

Suponhamos que você precise de motivação para executar uma tarefa, e você está se sentindo sem confiança, pensando que não ira conseguir, e que talvez deva desistir!

Convidamos você agora a vivenciar um exercício que pode lhe mostrar como criar recursos internos:

1° Lembre-se de um momento da sua vida, onde você atuou com o máximo de confiança. Caso não se lembre, pense em alguma pessoa que você percebe que possui essa elevada confiança e como é sua postura;

2° Faça exatamente a fisionomia de uma pessoa muito confiante, respire como uma;

3° Imagine uma tela de cinema na sua frente acima dos seus olhos um pouco para a direita;

4° Pense, sinta, veja e ouça agora como se fosse um filme por uns 30 segundos;

5° Agora dê um passo à frente e imagine-se entrando dentro desse filme;

6° Agora veja, sinta, ouça e perceba você vivenciando esse filme;

7° Ajuste as cores, aumente o brilho, deixem-nos mais e mais sonoros possíveis... Espere 30 segundos e volte para o aqui e agora...

Repita esse exercício de 4 a 5 vezes, cada vez mais rápido, e perceba que o estado que você precisa, simplesmente aparece dentro de você! Parece mágica, porém, não é! É você com o seu PODER CRIATIVO capaz de criar tudo que precisa.

Esse exercício pode ser feito com qualquer recurso interno que precise.

E quando precisamos nos colocar no lugar do outro? É fácil para você?

A EMPATIA segundo Daniel Goleman(1995), é um dos principais pilares para o desenvolvimento da Inteligência Emocional.

Quando é preciso entender o ponto de vista de outra pessoa, podemos utilizar uma estratégia mental muito eficiente. Você pode olhar, ouvir, sentir e perceber o mundo com os olhos, ouvidos e tato do outro, isso acontece quando você elimina qualquer tipo de julgamento.

E para isso, você talvez possa se fazer uma pergunta:

Se eu tivesse vivido a mesma vida que essa pessoa, tido as mesmas experiências, as mesmas oportunidades, será que eu faria igual, melhor ou pior no meu ponto de vista?

Relacionamentos saudáveis fazem parte do seu projeto de vida?

Desenvolver relacionamentos saudáveis é um importante item da inteligência emocional, quando começamos um relacionamento profissional, pessoal ou amoroso, estamos, de certa forma, convidando a pessoa a viver o nosso mundo, se eu tenho uma forma de enxergar a vida e propósitos parecidos com de outra pessoa, as possibilidades de construir um relacionamento saudável são maiores.

Algumas dicas para cultivar bons relacionamentos:

- Seja você mesmo e compartilhe as coisas que são importantes para você na vida;
- Desenvolva uma comunicação assertiva com as pessoas;
- Aprecie as qualidades das pessoas;
- Focalize nas coisas que você acredita serem positivas na vida;
- Estabeleça uma conexão sincera com as pessoas;
- Evite tentar agradar todo mundo;
- Respeite a opinião das pessoas;
- Seja congruente, transmita o que você sente realmente.

Autoconhecimento

Sabiamente o grande filósofo Sócrates disse: "Conheça-te a ti mesmo." Resgatando a relevância do autoconhecimento, que também é sinalizada por Carl Jung quando diz "Quem olha para fora

Capital Intelectual

sonha, quem olha para dentro desperta".

Nada do que nós discorremos até agora fará sentido se não desenvolvermos o "autoconhecimento"!

O autoconhecimento é o principal ponto de partida para o desenvolvimento da nossa IE, quando passamos a nos conhecer melhor, podemos vivenciar o que chamamos de "Viver de Dentro para Fora", quando passamos a viver de dentro para fora, a vida começa a fazer mais sentido, e pouco importa o que as pessoas podem falar ou não de nós.

Quando buscamos o autoconhecimento, expandimos nossa mente, ampliamos nossa visão de mundo e nos tornamos seres melhores. Conseguimos compartilhar informações que podem ajudar outras pessoas, a nós mesmos e ao mundo a se tornar um lugar melhor.

Geralmente, quem opta pelo caminho do autoconhecimento vive uma vida com um significado especial, pois o que antes eram apenas histórias, passa a fazer sentido e como num passe de mágica a pessoa começa a perceber o que ela pode melhorar e se permite evoluir cada dia mais, utilizando-se do princípio da melhoria contínua (Kaizen), onde sabemos que **tudo pode melhorar sempre.**

Pense, agora em tudo que leu, ouça seu subconsciente, veja as possibilidades e sinta que talvez você possa realmente e verdadeiramente dar um novo direcionamento a sua vida e responda. O que você pode fazer agora para começar a aplicar os conhecimentos aqui ofertados e desenvolver ainda mais a sua Inteligência Emocional?

Referências

CHOPRA, Deepak, FORD, Debbie, WILLIAMSON, Marianne. *O Efeito Sombra*. São Paulo: Lua de Papel, 2010.

COVEY, Stephen R. *Os 7 hábitos das pessoas altamente eficazes*. Rio de Janeiro: BestSeller, 2011.

CURY, A. *O código da Inteligência e a excelência emocional*. Rio de Janeiro: Thomas Nelson Brasil, 2010.

GOLEMAN, Daniel. *Inteligência Emocional*. Rio de Janeiro: Objetiva, 1995.

_____. *O cérebro e a inteligência emocional: novas perspectivas*. Rio de Janeiro: Objetiva, 2012.

O'CONNOR, Joseph. *Manual de programação neurolinguística: PNL: um guia prático para alcançar os resultados que você quer*. Rio de Janeiro: Qualitymark, 2011.

OGATA, Massaru. *Formação Treinador comportamental, Instituto de Formação de Treinadores-IFT, 2012*, São Paulo: SP, 2012.

7

Como a Programação Neurolinguística – (PNL) – pode ajudar a potencializar atributos

O elemento humano isolado não constitui uma célula social, ele precisa de patrimônio. Assim como o patrimônio sem o elemento humano também não constitui uma empresa. A empresa é o resultado da soma Elemento Humano + Patrimônio

Eduardo Leopoldo

Eduardo Leopoldo

Master Coach ISOR® pelo Instituto Holos. Personal & Professional Coach pela Sociedade Brasileira de Coaching e Practitioner PNL pelo Instituto Ferrarezi. Fundador do ClubedoCoach.org e Diretor do Instituto Leopoldo de Capacitação Profissional – ILCP. Treinador e palestrante.

Contatos
www.ilcpcursos.com.br
www.clubedocoach.org
eduardoleopoldo@clubedocoach.org
Skype: eduardo_leopoldo

Eduardo Leopoldo

O aspecto humano dentro de uma organização se faz presente por meio de alguns atributos como habilidade, capacidade e competência, tanto dos empregados como da direção. O homem é quem dá vida e movimento à empresa e é o principal elemento em uma célula social. Ele exerce grande influência ambiental através da sua força intelectual. A atualização desses atributos deve ser um compromisso constante da empresa.

Cada vez mais, especialistas citam o conhecimento como sendo o principal ativo dentro de uma empresa. Mas não se trata apenas de conhecimento técnico. As ideias, as experiências, as descobertas, e as inovações tomam bastante vulto dentro desse cenário. A formação e a gestão desse conhecimento, dentro das organizações, se tornam uma grande vantagem competitiva. Daí a importância de se investir no desenvolvimento contínuo deste grande diferencial de sucesso, que é o CAPITAL INTELECTUAL.

Capital Intelectual: conceituação

Segundo Edvinsson; Malone (1998, p. 19), "capital intelectual é um capital não financeiro que representa a lacuna oculta entre o valor de mercado e o valor contábil. Sendo, portanto, a soma do capital humano e do capital estrutural".

Já para Stewart (1998, p. 25), "o capital intelectual equivale a um conjunto de informações e conhecimentos encontrados nas organizações, em que agregam ao produto e/ou serviço valores mediante a aplicação da inteligência, e não do capital monetário".

O capital intelectual constitui a matéria-prima para se gerar riqueza, que é o produto do conhecimento. Devido ao seu grande valor, não deve ser subestimado e nem utilizado de forma ineficiente, resultando em um gerenciamento ineficaz mas, sim, incentivado e aperfeiçoado, para que possa trazer bons resultados e gerar rentabilidade à empresa. A consolidação da utilização desse recurso causa um impacto muito grande no valor dessa organização, pois o conhecimento é mais valioso e poderoso do que os recursos naturais. As empresas que fazem mais sucesso hoje em dia são as que detêm as melhores informações.

O papel do capital intelectual na economia moderna

Na economia atual se comercializa conhecimento e não mais produtos e serviços na sua forma pura e simples e, para isso, a empresa precisa ser dotada de um capital humano capacitado.

Capital Intelectual

A economia baseada em conhecimento, na nova era da informação, depende de novas habilidades, muito investimento em educação, pesquisa, inovação e treinamentos. O poder da inteligência, da capacidade mental, vem substituindo cada vez mais o poder dos músculos e das máquinas. As habilidades deixaram de ser manuais e passaram a ser intelectuais. O percentual de pessoas que trabalham utilizando a mente, associado a dados e informações, tem aumentado significativamente, na proporção que seus salários também aumentam.

Hoje, o conhecimento e a informação são os principais aspectos levantados durante um processo de valorização de uma empresa. O principal problema é que, assim como na era industrial, as pessoas ainda são vistas como custos e não como receita.

As empresas que ainda não se deram conta do seu capital intelectual se encontram em desvantagem em relação às demais, pois ainda não encontraram a importância do mesmo para a formação do seu patrimônio.

Como tirar melhor proveito do capital intelectual da minha empresa?

No início da década de 70, um linguista chamado John Grinder e um Psicólogo de nome Richard Bandler se juntaram e começaram a estudar três grandes terapeutas: Fritz Perls, Virgínia Satir e Milton Erickson.

Perceberam, então, que havia um padrão de pensamento, estratégia e experiências que geravam comportamentos, os quais conduziam aquelas pessoas a atingirem seus objetivos plenamente. Suas descobertas iniciais foram relatadas em livros entre 1975 e 1977, dando início ao desenvolvimento de uma arte que nunca parou de crescer e que, pelos resultados obtidos até hoje, contribuirão ainda mais para o desenvolvimento humano. Trata-se da Programação Neurolinguística – PNL.

A Programação Neurolinguística tem como objetivo ser um conjunto de ferramentas para facilitar o caminho do ser humano em direção à obtenção da excelência em resultados. Para tanto, a PNL estuda os modelos de resultado positivos, estruturando-os como modelos de pensamento, estratégias e experiências organizando-os para serem estudados e ensinados, possibilitando, assim, que outros também obtenham resultados similares.

PROGRAMAÇÃO: cada experiência que passamos em nossa existência está codificada e registrada em nossa mente. Esses registros fazem com que nos comportemos dentro de um padrão (programa) pré-estabelecido, baseado nas nossas experiências. A conscientização dessas experiências e desses padrões faz com que melhoremos nossos comportamentos e alcancemos nossos objetivos.

NEURO: o sistema neurológico é responsável por traduzir as experiências que temos através dos nossos sentidos: visão, audição, tato, paladar e olfato, para padrões de pensamento, regendo, assim, o modo como agimos de acordo com esses padrões, consciente ou inconscientemente. Uma das funções da PNL é aumentar a percepção desses padrões, ensinando-nos a administrá-los.

LINGUÍSTICA: é como utilizamos a linguagem para representar e comunicar nossas experiências para nós mesmos e para os outros. Os padrões de linguagem podem representar muito do que pensamos e, por consequência, do que somos. A PNL estuda o modo como utilizamos a linguagem, como ela nos afeta e aos outros.

Percebemos, então, que por meio de técnicas e ferramentas da PNL poderemos aproveitar as habilidades, as capacidades e as competências dos elementos humanos dentro de uma organização, na sua potencialidade máxima.

Segundo Bandler - "**PNL** é o estudo da estrutura da experiência subjetiva do ser humano e o que pode ser feito com ela".

Baseado nisso, podemos pressupor que todo comportamento tem uma estrutura e que esta pode ser descoberta, modelada e mudada (reprogramada). Logo abaixo cito outras pressuposições que poderão ajudar na compreensão do conceito da PNL:

- Mente e corpo são partes de um sistema único;
- O que você acredita ser verdade é verdade ou se torna verdade;
- O mapa não é o território. As pessoas respondem as suas experiências, não a sua realidade em si;
- Não existe fracasso. Apenas *feedback*. É uma oportunidade renovada de sucesso;
- Possuímos todos os recursos de que precisamos ou podemos desenvolvê-los;
- Em qualquer sistema, o elemento com mais flexibilidade sempre o influenciará;
- O valor de uma pessoa é constante, enquanto seu comportamento pode mudar;
- As pessoas fazem a melhor escolha que possuem no momento. Todo comportamento é útil em algum contexto;
- O significado da nossa comunicação é dado pela resposta que obtemos;
- Todo comportamento tem uma intenção positiva;
- Modelar desempenho bem-sucedido leva à excelência. Se alguém pode aprender algo, qualquer outra pessoa também pode. A questão é saber ter acesso aos recursos quando adequado;
- Se quiser compreender, aja. O aprender está no fazer.

Capital Intelectual

O que o Capital Humano da minha empresa poderá conquistar com a PNL?

Já vimos que a PNL é baseada na ideia de que a mente, o corpo e a linguagem interagem para criar a percepção que cada indivíduo tem do mundo, e tal percepção pode ser alterada pela aplicação de uma variedade de técnicas. Portanto, uma empresa cujo capital humano conhece e faz uso dessas técnicas e ferramentas no seu dia a dia, poderá:

- Desenvolver sua capacidade de comunicação e entendimento nos relacionamentos;
- Maximizar resultados profissionais e pessoais;
- Aumentar sua capacidade de aprendizagem e gerenciamento de mudanças comportamentais;
- Assumir, pelo autoconhecimento, o controle dos seus pensamentos, emoções e ações;
- Desenvolver sua flexibilidade para minimizar as diferenças e maximizar as similaridades para a convivência em harmonia.

Conclusão

O trabalho realizado dentro de uma organização depende fundamentalmente do aspecto humano. Não existem empresas sem pessoas. As pessoas geram receitas para as empresas através das suas habilidades, capacidades e competências. Investir em treinamentos e estudos que possibilitem tirar o maior proveito desses atributos é agregar valor à empresa. As organizações estão focadas em resultados produtivos e, para isso, se utilizam de processos e sistemas altamente competitivos e funcionais. Mas, os maiores problemas não são os processos nem os sistemas, e sim, como as pessoas envolvidas interagem entre si, com suas lideranças e seus clientes. Como suas crenças, valores e modelos mentais interferem na produção de resultados. A PNL será útil em qualquer situação onde duas ou mais pessoas precisam se comunicar para produzir resultados. Usar a arte da PNL para ajudar uma organização atingir seus objetivos corporativos é uma dica importante, e isso pode ser um diferencial competitivo para sua empresa.

Referências

FERRAREZI, Instituto. *Manual do Curso Practitioner PNL*, 2012.
STEWART, Thomas. *Capital Intelectual: a nova vantagem competitiva das empresas*, 17ª edição. Rio de Janeiro, Elsevier Editora, 1998.
EDVINSSON, Leif, e Malone, Michel S. *Capital intelectual*. Tradução de Roberto Galma; revisão técnica de Petros Katalifós. São Paulo: Makron Books, 1998.

SVEIBY, K. E. *A nova riqueza das organizações: gerenciando e avaliando patrimônio de conhecimento*. 5ª ed. Rio de Janeiro: Campus, 1998.

PONTES, R. M. SARDENBERG, D.P. *Capital intelectual: ativo intangível.* www.uol.com.br/cultvox.

EDVINSSON, Leif; MALONE, Michael S. *Capital Intelectual: Descobrindo o valor real de sua empresa pela identificação de seus valores internos*. São Paulo: Makron Books, 1998.

Capital Intelectual

8

Expandindo o Capital Intelectual por meio de Práticas Meditativas

A prática meditativa proporciona méritos à inteligência humana, esta entendida como estado de alerta e consciência, podendo transcender o Ser que somos através da excelência nas atitudes. Assim, o Capital Intelectual harmonizado às múltiplas inteligências poderá contribuir cada vez mais para uma sociedade sustentável em sua rede e em todos os cenários

Elisa Próspero

Elisa Próspero

Sócia-Diretora do Instituto Próspero – T&D+ Coaching. Psicóloga, consultora, Coach Executivo e Docente na FAAP e UNIP. Pós-graduada em RH e Administração – FGV com especializações em Educação Biocêntrica e Psicologia Social – PUC, formação em programas comportamentais e abordagens corporais, psicodramáticas e psicoterapêuticas. Estudiosa de filosofia oriental e voluntária em programas de relaxamento e meditação na Fundação Lama Gangchen para a Cultura de Paz. Master na coordenação, criação e realização de eventos, palestras e programas de desenvolvimento organizacional – com foco em Liderança, Gestão e Equipes, integrando seus conhecimentos e experiências alcançados em mais de 20 anos de práticas junto a empresas bem-sucedidas, abrangendo mais de 35 mil profissionais. Credenciada no *Frameworks Coaching Process*, pela Innerlinks, EUA. Coautora nos livros *Ser+ com Coaching, Ser+ com Criatividade Inovação e Manual Completo de Coaching*, pela Editora Ser Mais.

Contatos
www.institutoprospero.com.br
eprospero@terra.com.br
(11) 96414-5460 / (11) 99622-7157

Elisa Próspero

Nos chamados mais elevados estados de consciência, os conflitos se resolvem e se vivencia respeito e amor por toda a vida no universo.
Deepak Chopra

O filme "O julgamento de Nuremberg" retrata, após a Segunda Guerra Mundial, muitos dos mais poderosos comandados de Adolf Hitler que não se percebiam responsáveis e com qualquer sintoma de culpa por todos os fatos ocorridos, pois estavam simplesmente seguindo ordens. Na verdade, apesar da capacidade intelectual de todos esses homens para a guerra, faltava-lhes a consciência que dá aparato para o exercício das habilidades com motivação e atitude éticas.

Assim como nas organizações atuais, tendo como cenário a urgência e a pressão por resultados desafiadores, seguir regras e protocolos diante de situações inesperadas e/ou inusitadas, pode levar muitos profissionais a se sentirem inseguros e sem o devido preparo para melhor enfrentá-las com criatividade, bom senso e humanidade.

Ou seja, profissionais preparados e com amplitude de consciência tendem a garantir clientes satisfeitos – internos e externos, fidelizados aos negócios, produtos e serviços, evitando reclamações e processos movidos juntos aos órgãos de classe e de defesa ao consumidor. E favorece, ainda, a garantia de uma gestão profissional mais consistente, coerente e voltada para seres humanos – possibilidade única de desenvolvimento de lideranças integradas na alavancagem de comunidades sustentáveis, realizadas e felizes, seja no âmbito de preservação da vida pessoal como profissional.

Portanto, pretendo compartilhar minha experiência com as práticas meditativas, priorizando neste artigo a vivência organizacional – muitas delas através do laboratório atitudinal, junto aos grupos de trabalho e sua relação direta com os resultados de negócio.

Final dos Anos 80, Primeiras Práticas – Experimentando o Caminho

"Hoje as empresas dependem da aprendizagem e atualização das pessoas na mesma proporção em que dependeram da estruturação de tarefas nos últimos 80 anos. O desafio das empresas deixou de ser o ajuste das pessoas às tarefas para tornar-se a promoção da competência e cooperação entre os colaboradores." Sigmar Malvezzi

Numa grande e renomada indústria, iniciando o diagnóstico compartilhado com uma equipe de engenharia, onde já haviam sido preparados em planejamento e estratégia, gestão de pessoas e processos, as necessidades surgiram nos campos da gestão de mudanças, enfrentamento dos conflitos, dificuldades no relacionamento e

Capital Intelectual

na comunicação, bem como na preservação de atitudes de paciência, tolerância e respeito. Foi proposto e realizado um programa continuado de desenvolvimento e construção conjunta de conhecimento, habilidades e atitudes, por meio do laboratório atitudinal – proposta vivencial que prioriza a reflexão e o repensar das próprias atitudes, favorecendo a predisposição para a mudança.

A abordagem andragógica voltada para experiência de adultos, inovadora para a época e na vivência dos participantes, já integrava práticas de meditação ativa, relaxamento com visualização criativa e música para harmonização.

Como resultados dessa abordagem, seguem alguns depoimentos de gestores na época:

"Sinto-me fortalecido para continuar minha busca pelo crescimento e alcançar meu sonho profissional."

"Todo o exercício valeu para uma profunda reflexão em todas as novas exigências e demandas e, principalmente, como muitas dessas mudanças deverão iniciar por minha própria disposição em transformar."

"Ainda não sei dizer o quanto todo esse processo tem me impactado; mas sei o quanto estou me vendo como nunca havia me visto antes. Este é um grande presente para novas oportunidades. E um novo início."

"Aprendi a olhar para dentro de mim, rever atitudes e sonhos. Preciso tornar isso um hábito. Sinto-me renovado e feliz."

Na conclusão do programa, abriu-se a oportunidade para a continuidade dos encontros, que eram mensais, privilegiando novas temáticas relacionadas às necessidades emergentes trazidas pelo grupo – por exemplo, a condução de reuniões, os comitês de melhorias, as reuniões informais e de celebração. Com isso, ampliou-se a perspectiva participava na gestão, assim como surgiu espaço para a integração entre os diferentes níveis de gestão e o desenvolvimento dos líderes educadores. Todo esse preparo contribuiu diretamente para os processos de mudança pelos quais passava a empresa, assim como na consolidação de uma liderança mais consciente, empreendedora e preparada na visão inspiradora e na consolidação dos resultados de negócio.

Anos 90, O Movimento das Gerações – Acontecimentos em Esferas de Gestão

"... Venho do tempo dos que estão. Dos que desistiram de ser para estar. Todos com o melhor dos propósitos e as mais elevadas teorias de solidariedade humana, mas muitos estando e poucos sendo. O tempo de quem desistiu de ser para estar gerou guerras, destruições, deixando como herança, apenas e tão somente,

Elisa Próspero

uma profunda vontade de Ser: porque se é sempre mais do que a posição em que se está.
Mudo sempre. Por isso sou ALGUÉM QUE JÁ NÃO FUI e pretendo estar apenas e até onde conseguir Ser. Pouco. Mas Todo."
Artur da Távola

Naquele segundo dia de avaliação de um time de trabalho, numa grande organização, o colaborador chegou entusiasmado, num misto de surpresa e alegria, pois havia encontrado uma pessoa que se apresentava em sua vida até então como um desafeto de anos e percebeu que simplesmente o rancor tinha desaparecido instantaneamente. Recordou-se, então, da prática meditativa do dia anterior e o seu comentário foi que em tantas horas dispensadas em programas anteriores de treinamento não tinha recebido resposta tão rápida de aprendizado e realização. Partimos de sua experiência e foi compartilhado pelo grupo a real intensidade de um exercício simples, mas efetivo nas mudanças comportamentais que tanto nos empenhamos no dia a dia.

No dia anterior, havíamos trabalhado com a análise das forças e oportunidades dos times de trabalho, com foco no entendimento das melhores competências e suas causas, assim como as suas dificuldades de performance. Na apresentação dos painéis, foram identificados como principal parâmetro de melhoria os aspectos comportamentais relacionados à vontade e à motivação de cada um. E a questão resvalou para o desafio que os líderes têm na influência e inspiração das equipes de trabalho, que trazem em sua essência diferentes expectativas, sonhos e histórias. No quadro daquele ano, as mudanças foram muitas e a forma escolhida para lidar com a adversidade havia gerado mágoas e ressentimentos nas pessoas.

Tínhamos concluído o dia com um breve exercício de meditação, cujo tema escolhido pelo próprio grupo era aliviar as tensões, ressentimentos e perdas que haviam ocorrido durante o ciclo daquele ano. A condução foi tranquila, voltada para a compreensão do ciclo, aceitação das perdas e ganhos e perdão.

No Plano de Ação tivemos, além de tarefas, responsabilidades e prazos a serem cumpridos, a proposta de um quadro que privilegiasse qualidade de vida e, assim, no ano seguinte, implementaram a ginástica laboral, ampliaram os minutos da qualidade, segurança e higiene, celebrando na SIPAT – Semana Interna de Prevenção de Acidentes do Trabalho, os resultados já alcançados, onde puderam refletir um pouco mais sobre si mesmos, por meio de palestras e oficinas que abordaram autoconhecimento e equilíbrio emocional.

Capital Intelectual

Anos 2000 – A Consistência através do Autoconhecimento
Líderes mais Conscientes e Integrados

"Ouvir o inaudível é ter a disciplina necessária para se tornar um grande administrador, observou o mestre. Apenas quando aprende a ouvir o coração das pessoas, seus sentimentos mudos, os medos não confessados e as queixas silenciosas, um administrador pode inspirar confiança a seu povo, entender o que está errado e atender as reais necessidades dos cidadãos. A morte de um país começa quando os líderes ouvem apenas as palavras pronunciadas pela boca, sem mergulhar a fundo na alma das pessoas para ouvir seus sentimentos, desejos e opiniões reais." Chan Kim e Renée A. Mauborgne, *Harvard Business Review.*

No segmento de serviços, um grande empreendimento, uma equipe especial e diferenciada destaca-se justamente pelo capital intelectual favorecido não somente pela base acadêmica, como pela senioridade e ampla experiência consolidada.

A demanda em questão foi solicitada por falhas significativas nos resultados esperados – limitavam-se a e-mails diante do enfrentamento e solução de problemas, não se comprometiam com o acordado em reuniões e faltava a valorização entre as pessoas. As competências principais a serem trabalhadas: Comunicação Assertiva e Trabalho em Equipe.

O primeiro encontro com o grupo iniciou-se com apresentações informais e relato de afinidades. Falamos e repensamos sobre as gerações, contextos, cenários, expectativas e sonhos. Nesse primeiro momento, novas descobertas sobre os colegas que trabalhavam juntos há muito tempo e outros que haviam acabado de integrar-se àquela equipe brilhante.

Na sequência, um primeiro exercício de visualização criativa levou o grupo a recriar a sua história – perdas e ganhos, enfrentamentos e superações, lições aprendidas. Surgiram novos olhares e possibilidades de compartilhar, novas maneiras de perceber o outro e o próprio grupo. Já estavam se preparando para a definição de um propósito comum e ações que poderiam alavancar maior compromisso.

No encontro final, a conclusão favoreceu o grupo a encontrar tempo para reuniões, identificação de soluções conjuntas e que beneficiassem a todos, assim como abriu um novo espaço para compartilhar e encontrar-se com mais admiração e respeito. O impacto gerou ressonância pelas respectivas equipes de trabalho, que passaram a experimentar um clima mais saudável e sinérgico no dia a dia organizacional. Fizeram constar de seu plano de ação as seguintes decisões:

• Compartilhar sentimentos com clareza e responsabilidade
• Agir com franqueza, integridade e generosidade
• Fazer prevalecer a ética, transparência, lealdade e moral
• Incentivar o diálogo franco, aberto, sincero e objetivo
• Aceitar a diversidade e a troca sincera de feedback
• Manter o otimismo para superar as dificuldades
• Incentivar o relacionamento com generosidade

A vida é inteligente, assim como o ser humano nasce inteligente. No entanto, no seu processo de socialização, algo foi corrompido e o impede de expressar-se plenamente. É necessário harmonizar o capital intelectual às múltiplas inteligências do ser humano. A palavra meditação tem a mesma raiz da palavra medicina – medicinal, e sua necessidade é pela possibilidade de ampliar a consciência humana para a sua própria grandeza, segundo Osho.

As práticas meditativas podem, assim, garantir que o capital intelectual seja aproveitado integralmente e levar ao resgate das possibilidades plenas de motivação, realização e felicidade, favorecendo a expressão de pessoas e grupos de trabalho mais conscientes de si mesmos e de seus processos de interação, do outro e de sua contribuição efetiva para o meio no qual convive, seja familiar, social, educacional ou organizacional.

Um exercício para refletir e praticar em silêncio, junto à natureza ou ouvindo uma música. Inspirado em práticas para o crescimento pessoal de Carl Rogers

1. Uma crescente abertura à experiência - quando foi a última vez que você:

• Mudou de ideia sobre um tema importante
• Experimentou um novo aprendizado, idioma, hobby ou atividade.
• Contemplou a natureza

2. Uma crescente vivência existencial - qual foi a última vez que você:

• Fez algo que teve vontade no momento, algo que inclusive o surpreendeu
• Parou para ouvir o que se passava dentro de você
• Expressou espontaneamente seus sentimentos

3. Uma crescente confiança no próprio organismo – quando foi

Capital Intelectual

a última vez que você:
- Fez o que parecia certo, independentemente do conselho de outros
- Experimentou novas abordagens a velhos problemas
- Expressou uma opinião impopular assertivamente

Para reflexão final, Lama Michel, autor do livro "Coragem Para Seguir em Frente", comenta que somos seres transcendentais e precisamos cuidar do que somos, priorizar o que somos e aquilo que permanece. Estabelecer um caminho em estado de Amor e Sabedoria - uma Vida coerente e correta de acordo com o que se acredita, com respeito e cuidado por nós mesmos. Por isso – meditar e treinar a mente é importante."

9

Motivando o nosso maior patrimônio, o ser humano

O Capital Humano está para a empresa, assim como a Alma está para a pessoa. Sem Alma a empresa não tem vida, assim também é com as organizações

Eraldo Melo

Eraldo Melo

Empresário do ramo de Prestação de Serviços, com experiência no exterior. Palestrante motivacional, consultor empresarial, estudou psicologia. É escritor do livro Felicidade 360°.

Contatos
www.eraldomelo.com
eraldo@eraldomelo.com
(64) 3433-1818 / 8122-5397

Eraldo Melo

Caros leitores, meu desafio neste livro é falar-lhes acerca do Capital Intelectual, o tão famoso Capital Humano, desafio esse que me fascina muito, pois sou um apaixonado por pessoas, haja vista que minha profissão é motivar GENTE...

Amo GENTE, respiro GENTE, trabalho diariamente com o intuito de melhorar potenciais, e foi pensando nisso que resolvi escrever um pouco da história da minha vida, da minha empresa e do que acredito ser fundamental para que ela continue viva e atuante no competitivo mercado de trabalho, do qual fazemos parte.

"O Capital Humano está para a empresa assim como a Alma está para a pessoa. Sem Alma a empresa não tem vida, assim também é com as organizações", profundo isso, né? Pois é... Eu também quando li essa frase, senti o mesmo que vocês devem ter sentido agora, pelo menos é o que eu imagino. Baseado no sentimento que me despertou, foi que abri os meus olhos e a minha mente, pois é perceptível que o mercado de trabalho passa por muitas transformações, e que as organizações para se manterem nesse mercado competitivo precisam investir em seu principal recurso, os seus colaboradores, que precisam estar motivados para desempenhar melhor suas funções.

Depois de refletir um pouco a respeito do assunto, solicitei à equipe de Recursos Humanos da empresa, onde eu era colaborador, na época, exercendo a função de encarregado, um relatório contendo o número de faltas, atestados etc., para poder elaborar um gráfico e passar à Direção da empresa, pois se agravava cada dia mais a situação. No dia seguinte, de posse do relatório e das informações que já havia colhido dele, resolvi mudar minha estratégia: dirigi-me aos colaboradores nos seus postos de serviço e comecei a questioná-los a respeito da satisfação que tinham em trabalhar na empresa e o que eles gostariam que fosse melhorado. Percebi então, que os colaboradores reclamavam de algumas coisas tão simples, como um Bom Dia que não recebiam de seus superiores, um elogio quando realizavam algumas tarefas específicas, e que essa falta de reconhecimento e de elogio os deixavam menos produtivos, e que posteriormente ocasionavam em dificuldades nos relacionamentos interpessoais, faltas etc., o que para a empresa era um prejuízo. Sempre tive muita motivação dentro de mim, e eis que me encontrava em uma situação onde eu precisava colocar a minha motivação em prática para influenciar os meus colegas de trabalho e conscientizá-los da importância que tinham para a empresa, mesmo que às vezes nem todos os elogiassem, eles precisavam continuar dando o melhor de si, desempenhando bem as suas funções, afinal de contas, dependíamos um do outro para continuarmos trabalhando. Eles eram meus subordinados e eu

Capital Intelectual

tinha que fazer alguma coisa por eles e por mim também. Decidi então, nos reunirmos mensalmente, éramos uma equipe de onze pessoas, eu e meus dez colaboradores, para ouvir o que eles tinham para dizer e para passar a eles o que eu, como líder, esperava deles, e antes das reuniões eu buscava algumas informações e solicitações de melhorias no setor de cada um e ia inserindo aos poucos, juntamente com o que eu tinha para oferecer, a minha Motivação. Sabe o que era mais fascinante em tudo isso, meus queridos? Começou a surtir efeito. É verdade! Comecei a perceber que eles gostavam daquelas nossas reuniões, como chamávamos no início e depois passamos a chamar de treinamentos. Como disse no início desse artigo, gosto muito de lidar com pessoas, principalmente quando sou desafiado; nessa época, como não dispunha de nenhuma verba para a realização desses treinamentos, eu mesmo providenciava um lanchinho para nos confraternizarmos ao final de cada reunião, sorteava pequenos brindes entre os colaboradores que não faltassem durante o mês. Detalhe, esses treinamentos eram realizados sempre ao final de cada mês, pois eu já estava com o controle das faltas em mãos para fazer a premiação a eles. Era maravilhoso cada encontro desses com meus colegas, pois eu conseguia ver a transformação acontecendo a cada dia no trabalho e na vida de cada um, já que passamos mais tempo da nossa vida junto com nossos colegas de trabalho do que com a nossa própria família, não é mesmo?

Com o passar dos meses, esses treinamentos que realizava começaram a ser divulgados para o cliente, e isso veio como um diferencial para a nossa empresa. Certamente, não tinha conhecimento da grandiosidade do que estava fazendo, mas fiquei muito feliz com os resultados que colhia e com os elogios que eu e minha equipe recebíamos. Um dia, fui surpreendido por um de meus clientes quando realizava o treinamento mensal com a equipe; eis que batem à porta, quando abri, fiquei muito surpreso e muito lisonjeado ao mesmo tempo, como não tenho nenhum problema com o "falar em público", prossegui com minhas atividades e, mais uma vez, cumpri com o que havia proposto. Foi um sucesso!

Minha trajetória nessa empresa é digna de um livro, que por sinal já está em processo de construção, afinal faço parte dela desde a sua fundação. Em março de 2003, quando eu e minha esposa, já sem muitas perspectivas de crescimento em nossa cidade, Patos de Minas/MG, mudamos para a cidade de Itumbiara/GO para trabalharmos nessa empresa, eu exercendo a função de Auxiliar de Serviços Gerais e ela como secretária, depois de alguns meses, fui promovido a Encarregado, como relatei anteriormente e, após algum, tempo e graças a muito esforço da minha parte, e aos benefícios que eu trazia para a empresa, fui sendo promovido a cargos melhores, até que em um determinado dia, fiquei sabendo que estava disponível na empresa uma vaga para Gerente Administrativo, e é claro que me candidatei, pois sonhador como sou e sempre fui, jamais poderia perder a oportunidade de crescer na empresa. Só que nem sempre as coisas acontecem como prevemos ou até como gostaríamos que acontecessem, e como nada vem para as nossas mãos sem um pouco de esforço, estava eu ali, novamente diante de um impasse, a minha vontade de crescer e a objeção dos meus superiores, mas como sempre, não desisti, afinal de contas aprendi que Deus não escolhe os capacitados, mas capacita os escolhidos, e eu tinha a certeza das minhas condições de exercer com afinco a função em questão, então lutei para alcançar meu objetivo. Meus queridos, quando Deus quer nos abençoar, ele usa de todas as formas para que sua vontade seja cumprida. Após cinco anos trabalhando com muito amor e dedicação, no mês de junho de 2008 me tornei proprietário dessa mesma empresa. Essa trajetória será relatada com mais detalhes no meu próximo livro, que espero que vocês leiam. Aguardem!

Agora vejam só que maravilha! Se antes mesmo de ser proprietário da empresa eu já me preocupava com o bem-estar dos meus colaboradores, agora então é que tinha que fazer valer tudo aquilo que acreditava ser certo e bom para minha equipe trabalhar de forma que se sentisse bem e que, consequentemente, atendesse às expectativas dos meus clientes, afinal de contas agora eu tinha que lutar com unhas e dentes para continuar no mercado, alcançar novos negócios e manter o cliente que já havia conquistado. Como relatei anteriormente, na época em que exercia a função de Encarregado e implantei os Treinamentos mensais, à medida que fui sendo promovido na empresa, esses procedimentos foram sendo deixados de lado pelos meus sucessores, já que o motivador e influenciador ali era eu, não a empresa. Diante disso, aqueles treinamentos infelizmente foram abolidos e eu, já em outra função, não podia mais tomar frente para prosseguir com eles. Agora a situação era outra, eu enxergava as coisas de um ângulo diferente do que antes eu precisava crescer, mas precisava de cautela, afinal um passo em falso poderia ser fatal para mim. Como empresário iniciante, precisava antes de tudo analisar as coisas antes de qualquer decisão.

Acreditem, em umas das noites em que quase não dormia preocupado em como faria ganhar mais contratos, como poderia ganhar mais dinheiro, aumentar o faturamento da empresa, como prospectar, já que não tinha como investir em um departamento comercial para correr atrás de novos negócios, novas perspectivas, fui remetido ao meu passado, ao início da minha trajetória e então me vi diante da maior e melhor ferramenta que podia usar para atingir meus objetivos, afinal ela era perfeita, e não me custava nada, pois eu havia sido presenteado por Deus com ela, foi um Dom que Ele me deu: A minha Motivação, a minha Alegria de Viver, e como diz nas Sagradas Escrituras, os Dons nós temos que multiplicá-los e foi aí que comecei a ter uma visão empreendedora a partir do meu talento, comecei a refletir e deduzi que se eu retomasse àqueles treinamentos que antes fazia com a minha equipe, poderia alcançar três objetivos ao mesmo tempo: motivar meus colaboradores, visitar meu cliente, realizando o meu pós-venda, é claro, e supervisionar os trabalhos, já que manter um supervisor em cada posto de serviço era algo fora de cogitação naquela época.

Ao longo de minha vida aprendi que quando vamos fazer algo, devemos sempre nos preocupar em fazer o melhor, e eis que comecei a colocar em prática minha ferramenta. Reuni-me com os colaboradores em um dos meus clientes, propus-lhes que fizéssemos esses treinamentos mensalmente e na minha cabeça já estava estabelecida a meta de que à medida que eu fosse alcançando meus objetivos com esses treinamentos, iria expandi-los para os outros clientes, e agora como eu já possuía uma bagagem bem maior de conhecimentos devido à Psicologia, tudo começara a fluir de maneira espetacular, e a cada etapa que íamos passando era maravilhoso ver o quanto dava frutos aquele trabalho que me custava poucas horas do meu dia e que eu fazia com tanta satisfação e amor, e que ao final trazia grandes benefícios para mim e para meu principal cliente, o meu colaborador. Um dia, em um desses treinamentos, contei a minha história de vida para meus colaboradores como forma de incentivo para eles, como exemplo de que se sonhamos podemos conquistar, e acreditem, todos nós nos emocionamos muito, inclusive eu, que mesmo sendo o principal personagem da história, em meio à tanta correria, não tinha parado para analisar a preciosidade que eu tinha nas mãos; eu estava sendo uma referência para os meus colaboradores, foi magnífico contemplar aquele momento, aquela sensação de vitória, de objetivo alcançado, só que eu não podia parar ali. A minha empresa precisava ir além do esperado, eu tinha que fazer a diferença no mercado. Certo dia, não bastando o que já acontecera no passado, fui novamente surpreendido pelo meu cliente, só que dessa vez, de uma forma um pouco mais audaciosa e diferente, após ter tido conhecimento dos treinamentos que eu estava realizando na empresa, e do fato de um rapaz de apenas 30 anos de idade, essa era a minha idade na época em que adquiri a empresa, e isso despertou a curiosidade na Diretora de Recursos Humanos deste meu cliente, fazendo com que ela me convidasse para dar uma "palestra", meu Deus, vocês entenderam? Uma "palestra", contando a minha trajetória na empresa. Como poderia ser? Eu? Eraldo Melo só estava ali tentando resgatar o que meus colaboradores tinham de melhor, fazendo com que eles olhassem para si mesmos como o melhor projeto de Deus nesta Terra, e Deus lá de cima me honrando mais uma vez com um Dom, o de Influenciar pessoas por meio do meu exemplo de vida. Deus é tremendo mesmo, minha gente!

Pois bem, agendamos a tão esperada palestra, quando entrei na sala de reuniões, acreditem, pela primeira vez, tremi as bases, afinal eu pensei que contaria a minha história somente para os colaboradores do administrativo, e para minha surpresa estavam ali o corpo de diretores daquela empresa, meus clientes, aqueles que gerenciavam e assinavam meus contratos, por Deus, eu tremi, mas prossegui e realmente eu consegui atingir o meu objetivo. A partir desse dia, comecei a me dedicar a desenvolver palestras motivacionais, de relacionamentos interpessoais, trabalho em equipe, treinamentos em vendas e atendimento, dentre outros. Hoje sou um Palestrante Motivacional reconhecido nacionalmente, ministro palestras pela minha empresa no Brasil inteiro e o meu objetivo é levar a motivação ao maior número de pessoas que eu conseguir, pois acredito que a Motivação é fundamental para o bem-estar e para a vida das pessoas. Os treinamentos que implantei na empresa hoje fazem parte dos processos do nosso Grupo, isso mesmo, hoje somos um Grupo de Empresas no ramo de Prestação de Serviços, e esses processos são obrigatórios, pois através deles conseguimos alcançar grandes metas e eu, meus queridos amigos, continuo sempre acreditando que devemos valorizar o nosso colaborador como uma preciosidade para nossas empresas, é ele o responsável por alcançarmos nossos objetivos junto aos nossos clientes.

Capital Intelectual

10

Gestão de capital intelectual para fomento de inovação

A gestão de Capital Intelectual é um processo lento de semear, cultivar, organizar, desorganizar e reorganizar ideias. Recentemente, a Academia e o Setor Privado mudaram de paradigmas com relação aos melhores investimentos e hoje concordam que essa é uma forma de gerar riqueza mais poderosa do que o investimento em máquinas. A pergunta que fica é: como fazer isso de forma efetiva?

Erno Paulinyi

Erno Paulinyi

Economista pela Universidade de Brasília. Pós-graduado em Gestão de Pessoas com Coaching e Master Coach certificado na metodologia Inner Game e por outras três entidades internacionais. Treinado pessoalmente por alguns dos maiores nomes do mundo na área de liderança e desenvolvimento pessoal, entre eles Anthony Robbins e Timothy Gallwey. É um dos cofundadores da Swish Coaching onde atua como Diretor Executivo. Foi consultor da Macroplan – Gestão Estratégica, em que atuou em diversas organizações públicas e privadas, entre elas Embrapa, Confederação Nacional da Indústria, SESI, SENAI, IEL e Governo de Alagoas, além de ter trabalhado para o governo britânico e no Gabinete do Ministro da Fazenda.

Contatos
www.swishcoaching.com.br
erno@swishcoaching.com.br
(61) 9988-7719

Erno Paulinyi

Nos anos 60, o economista húngaro Nicholas Kaldor foi responsável por formular uma teoria econômica que norteou durante algumas décadas a forma como o crescimento econômico e o desenvolvimento das nações eram entendidos. Um dos pilares de seu pensamento era a necessidade do crescimento da quantidade de capital físico investido por trabalhador em determinada economia.

Nos dias de hoje, com a aceleração da informação e tecnologia é senso comum que isso não é mais o suficiente para ter criação de novas riquezas. Cada vez mais vemos empresas virtuais conquistando espaço real no mercado competitivo. Como é possível que algumas empresas alcancem um valor de mercado tão grande que teriam dinheiro suficiente para comprar centenas de vezes tudo que já investiram como capital físico (prédios, máquinas e equipamentos)? Isso acontece por que existe uma forma de gerar riqueza que é ainda mais poderosa do que o investimento em máquinas – a organização, desorganização e reorganização de ideias.

Nos anos 90, uma nova teoria ganha força, tendo como um dos principais expoentes o economista Paul Romer, que em contrapartida aos apontamentos de Kaldor, reconhece que mais importante do que o crescimento do capital por trabalhador, é o crescimento do capital intelectual por trabalhador. Isso tem sido devidamente explorado pelas empresas e não é preciso nem olhar as estatísticas para perceber que a escolaridade média dos trabalhadores tem crescido de forma considerável, década após década. Num mercado de trabalho altamente competitivo os jovens estão entrando muito mais capacitados e os seniores estão sendo obrigados a voltar para a escola para se manterem valiosos perante as organizações.

Da mesma forma que o estoque acumulado de educação é fundamental para o crescimento de uma nação, as organizações modernas atualmente enfrentam esse desafio: gerenciar o capital intelectual de maneira a ser cada vez mais competitivas e relevantes em seus respectivos mercados.

Existe uma breve história que sintetiza vários desses valores que estamos falando. Uma empresa de ferragens tinha alguns colaboradores que fabricavam peças em fornalhas. A empresa, ao fazer uma análise de durabilidade das peças produzidas, percebeu que a variância era muito grande, então começou a investigar os processos de produção. Cada colaborador tinha uma rotina de produção diferente, mas a principal diferença era que alguns acendiam a fornalha logo ao chegar aos seus postos, para depois organizarem suas outras ferramentas e os outros não. Acontece que as fornalhas pré-aquecidas eram capazes de produzir peças com uma durabilidade maior. Ao

Capital Intelectual

constatar esse fato, a empresa pôde mudar suas diretrizes de produção, incluindo na rotina dos processos o pré-aquecimento das fornalhas e capturar valor novo para sua produção (maior durabilidade).

Esse conto ilustra a importância da gestão de capital intelectual e como pode levar à inovação. Nesse caso, uma pequena rotina que um ou outro funcionário adotava foi capaz de agregar um novo valor para a indústria, que se apropriou deste. Isso aconteceu quando a indústria auferiu suas rotinas e as medidas de sucesso importantes para o seu negócio e transformou algo que estava dentro da cabeça de alguém em uma informação acessível e reproduzível para todos os colaboradores.

Imagine então o que não é possível ser feito quando se tem um grupo de colaboradores cada vez mais especializado dentro da sua empresa, estudando e reestudando as ciências e o mercado no qual estão envolvidos. O principal desafio do capital intelectual é exatamente esse: transformar aquilo que está dentro da cabeça de seu colaborador (rotinas, processos, ideias, experimentos e experiências) em um conjunto de informações acessível e replicável. Isso é de extrema importância por três razões principais:

• A gestão do capital intelectual pode ser a maior fonte de inovação de uma empresa e, consequentemente, uma forma poderosa de se manter a competitividade em seus respectivos mercados. Os exemplos de empresas extremamente inovadoras mostram o extremo cuidado em desenvolver seus colaboradores e suas ideias;

• O capital intelectual é um ativo extremamente estratégico que pode posicionar a organização competitivamente de forma perene em seu respectivo mercado. Uma boa gestão pode minimizar o risco de perder conhecimento para concorrência ou até mesmo para aposentadorias "fora de hora";

• As organizações que desenvolveram a maestria nessa área percebem também uma maior autoestima dos colaboradores que relatam uma maior percepção de como o comportamento de cada um impacta na organização. Isso gera um senso de apropriação dos resultados da organização (o famoso "vestir a camisa") e isso é uma poderosa vantagem competitiva.

Apesar dos benefícios claros, esse ainda não parece ser um paradigma dominante na maioria das organizações públicas e privadas do Brasil. Percebe-se que o Capital Intelectual é sim valorizado e vemos profissionais mais qualificados recebendo cargos melhores, promoções e os devidos benefícios, incluindo até mesmo o financiamento de sua própria educação. Mas a maioria das iniciativas para por aí e isso não é o suficiente se quisermos ter níveis mais altos de inovação. Aplicar uma gestão eficiente desse patrimônio focada para essa finalidade ainda é uma realidade distante.

Atualmente dois fatores impedem isso. O primeiro está relacionado a investimento e retorno. É custoso e os benefícios não são claros no curto prazo. Essa gestão exige um investimento tanto financeiro quanto de tempo. A organização precisa reorganizar suas rotinas e valores para poder ter esses benefícios intangíveis como retorno. Esse tipo de investimento é em longo prazo e empresas pouco organizadas financeiramente podem ver o orçamento para essa finalidade ser negligenciado em função de outras obrigações mais urgentes.

Nesse sentido temos um sério problema se estamos pensando em inovação, pois a maioria das pessoas acredita e gosta de contar a história do momento de "inspiração". Elas querem dizer, "Lá estava eu, parado e tive subitamente toda clareza na minha cabeça", à *La* Newton e a maçã. Mas, de fato, se você voltar no tempo e olhar o registro histórico, muitas ideias importantes têm períodos longos de incubação. Recentemente tem se falado muito sobre intuição, mas, na realidade, muitas das grandes ideias ficam, algumas vezes, décadas no fundo da mente das pessoas. Elas têm um pressentimento de que há um problema interessante, mas que não têm ainda as ferramentas para resolvê-lo. Portanto, o primeiro passo é uma mudança estratégica de prioridades com pensamento em longo prazo. Você quer que sua empresa continue competitiva daqui a 30 anos, e não apenas nas vendas de Natal.

A segunda e principal barreira para esse modelo é que ainda prevalece uma mentalidade individualista. Alguns colaboradores têm uma noção pré-histórica de competitividade e protegem o seu próprio conhecimento, entendendo que isso pode torná-los mais importantes e assegurar a sua evolução na carreira. As organizações focam no conhecimento bruto (educação formal) e não na conexão de ideias, ou educação prática. É o paradigma do "Eu sei", enquanto deveria ser o "Nós sabemos". Nessa questão aparece também o conflito de gerações onde os profissionais mais experientes bloqueiam ideias novas. E isso é outra mudança fundamental se a organização procura ser mais inovadora. O que muitas vezes acontece é que você tem metade de uma ideia, outra pessoa tem a outra metade, e se vocês estiverem no ambiente certo, elas se transformam em alguma coisa maior do que a soma das suas partes.

Há alguns anos, um pesquisador chamado Kevin Dunbar decidiu sair em busca disso e basicamente fez a abordagem Big Brother para descobrir de onde as boas ideias vêm. Ele foi a vários laboratórios científicos por todo o mundo e gravou em vídeo cada pessoa à medida que executava sua rotina de trabalho e tentou descobrir onde as ideias mais importantes aconteciam.

O que Dunbar percebeu quando olhou para as gravações é que, na verdade, quase todas as ideias mais inovadoras não aconteceram com os cientistas sozinhos no laboratório, num clássico momento Eureka na frente de um microscópio. Elas aconteceram na mesa de conferência na reunião semanal do laboratório, quando todos se juntavam e compartilhavam seus mais recentes dados e descobrimentos e, na maioria das vezes, quando falavam sobre os erros que elas cometeram.

Nesse sentido, nós frequentemente falamos sobre o valor da proteção da propriedade intelectual, construindo barreiras, tendo laboratórios de Pesquisa e Desenvolvimento secretos, patenteando tudo o que temos de forma tal que aquelas ideias permaneçam valiosas. Mas seria interessante para todas as partes, se investíssemos pelo menos tanto tempo e dinheiro na premissa de conexão de ideias, do que as protegendo dos outros.

OK. Isso parece razoável, certo? Agora o desafio para todos nós é: como se criam ambientes que permitam que essas ideias tenham essa longa incubação e se conectem? É difícil ir até o seu chefe e dizer: "Eu tenho uma excelente ideia para a nossa organização, ela será útil em 2020. Você poderia me dar uma verba e um tempo livre para realizá-la?" Algumas companhias, como o Google, têm alguns mecanismos como, por exemplo, 20% do tempo livre para inovação, refeitórios e lanchonetes deliciosos com mesas coletivas que promovem integração e salas de jogos e relaxamento, e esses são mecanismos de cultivo a uma cultura inovadora em uma organização. Mas como podemos fazer alguma coisa de forma simples e eficaz para ter resultados de um dia para o outro nas nossas próprias organizações? Algumas premissas são fundamentais e podem ser aplicadas facilmente para provocar uma mudança de cultura ao longo do tempo.

1 - Promova um ambiente livre de julgamentos, onde errar é positivo. Imagine por um instante um treinador de uma equipe esportiva que condena os erros de seus atletas na frente dos outros. O que é bem provável que aconteça com essa equipe? Um senso de insegurança generalizado. A equipe dificilmente irá arriscar coisas novas e vai jogar apenas o "feijão com arroz". Os erros fazem parte do processo de aprendizado. Ninguém briga com um bebê que está aprendendo a andar. Muito pelo contrário, esse processo é encorajado. Isso está de acordo com o kaizen e a filosofia Toyota na qual os erros são encarados por todos na organização como uma ótima oportunidade de aperfeiçoamento. Segundo o cineasta Woody Allen, se você não está errando aqui e acolá, é por que você não está sendo muito inovador.

2 - A integração de ideias deve ser encorajada, as pessoas devem se sentir livres para falar. O conhecimento individual deve ser considerado como uma ferramenta para ser usada em prol do grupo. Os responsáveis pela equipe têm um papel muito importante nesse processo e devem desenvolver um novo estilo de liderança, conhecido como liderança conectiva. O líder conectivo é possuidor de grande habilidade relacional e em comunicação que dissolve conflitos, além de transformá-los em oportunidades de crescimento. A sua principal e maior habilidade é a de ouvir os outros de maneira autêntica. Esse modelo possibilita unir a sua visão aos sonhos dos demais, agregando e combinando, ao invés de dividir. Desenvolve-se um senso de comunidade que junta as opiniões de outros líderes para atingir objetivos, enxergando-os como colegas e não como competidores.

3 - Estimule o pensamento estratégico. Defina metas e indicadores relevantes para o seu mercado. No exemplo da fábrica de ferragens só foi possível descobrir no que melhorar, pois eles sabiam qual variável deveria ser examinada. Muitas vezes definimos um conjunto de indicadores para balizar nossa estratégia que no fundo não diz nada. Uma empresa inovadora não pode se pautar pelo número de patentes registradas, mas pelo faturamento adicional de novos produtos, por exemplo. É preciso ir ao cerne da questão e procurar os pontos de acupuntura – aqueles dois ou três indicadores que precisam ser verificados que vão garantir um alinhamento com a estratégia de longo prazo. Na maioria das vezes, isso será um esforço adicional, pois esses indicadores não vão aparecer no relatório mensal da contabilidade.

Essas três premissas ajudam a construir uma organização mais humana e orientada para resultados. Nessa nova era de organizações virtuais e rápida transformação tecnológica, o maior diferencial é a evolução de como as pessoas e ideias interagem. A chave está em parar de olhar para os funcionários como ativos e compreender que eles são os responsáveis pelo sucesso da organização.

Capital Intelectual

11

A intenção estratégica como ferramenta para garantir o melhor aproveitamento do capital intelectual

A cultura organizacional, que serve como sustentação do capital intelectual, só pode ser construída somando-se filosofia de trabalho a uma comunicação adequada. Como primeiro passo neste sentido, recomendo o desenvolvimento da intenção estratégica da organização

Fabiano Parreiras

Fabiano Parreiras

MBA em "Gestão Empresarial e Marketing" pela Faculdade Pitágoras; Profissional com mais de 15 anos de experiência em Gestão e Marketing com Extensão em "Estratégia de Empresas" e "Balanced Scorecard" pela Fundação Getulio Vargas; Professor de "Planejamento Estratégico" e "Consultoria Empresarial" da FAPAM – Faculdade de Administração de Pará de Minas/MG; Presidente da Associação Comercial de Itaúna na Gestão 2012 – 2014; Sócio da UNICO Consultores – especializada no atendimento a micro e pequenas empresas com consultoria em Balanced Scorecard, Gestão da Qualidade e Coaching.

Contatos
www.unicoconsultores.com.br
fabiano@unicoconsultores.com.br
(37) 3241-1560 / (37) 9102-4090

Fabiano Parreiras

Desafio

Para Santiago (2007), *"o Capital Intelectual de uma organização é constituído por patentes, processos, habilidades dos funcionários, tecnologias, informações sobre clientes e fornecedores e toda a sua experiência..."*. Não é à toa que em todos os projetos de consultoria empresarial nos quais atuamos, desde o início de nossas atividades, entendemos a formação e a manutenção do Capital Intelectual como sendo a única solução sustentável para os problemas dos nossos clientes.

As dificuldades que os líderes enfrentam para desenvolver e fazer bom uso do Capital Intelectual podem ter diversas causas, mas uma em especial chama a atenção: a falta de uma **Cultura Organizacional** consistente, que favoreça o clima organizacional e o direcionamento dos esforços, gerando produtividade.

A Cultura Organizacional é construída somando-se **filosofia de trabalho** a uma **comunicação adequada.** Ou seja, de nada adianta à organização que o seu líder tenha uma visão de futuro bem definida e saiba o que fazer para que ela se concretize, se não conseguir transmitir para seus colaboradores o comportamento que deles espera nessa caminhada, fazendo com que compartilhem da mesma filosofia de trabalho.

Em "Gênios – como despertar a genialidade na sua empresa, na sua equipe e em você", o Dr. Alan S. Gregerman (2008); afirma que *"um objetivo claro e relevante, compartilhado por todos, é o requisito diário mínimo para incentivar a genialidade em sua organização"*.

Pode-se dizer que a **Cultura Organizacional** sustenta o Capital Intelectual. Ela está para o Capital Intelectual como uma estrada para um automóvel. A estrada pode ser cheia de buracos que atrasam a viagem e provocam desgaste do automóvel, ou pode ser ampla e bem pavimentada, onde se trafega com rapidez, conforto e segurança.

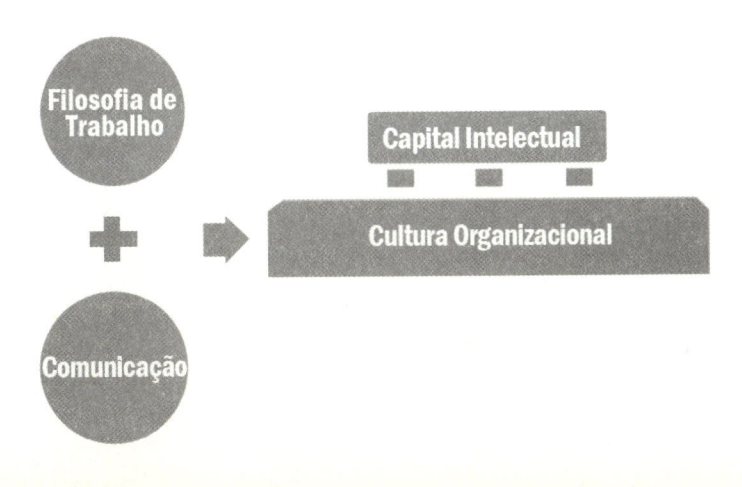

Capital Intelectual

Principalmente nas pequenas empresas onde não há formação da Cultura Organizacional, o resultado do trabalho costuma ser bem menor que a soma dos esforços empregados.

Solução

Qual seria a solução para o problema? Como garantir que o Capital Intelectual seja bem aproveitado? Como formar uma Cultura Organizacional forte o bastante para que o Capital Intelectual gere resultados?

Como primeiro passo, nossa resposta é a formalização da Intenção Estratégica:
- Negócio
- Missão
- Visão
- Princípios
- Valores

As organizações que possuem uma Intenção Estratégica coerente e a comunicam de forma adequada têm mais chances de explorar seu Capital Intelectual. Essas organizações elaboram a Intenção Estratégica considerando todos os seus *stakeholders* – clientes, fornecedores, acionistas, parceiros e, principalmente, colaboradores (o trabalho dos colaboradores fará com que a organização conquiste os melhores clientes, fornecedores, acionistas e parceiros).

Mesmo com muitos talentos, dados, softwares e procedimentos, uma organização não utilizará todo o potencial do seu Capital Intelectual com declarações de Missão complexas. Em alguns casos, os Valores e Princípios da empresa nunca foram apresentados aos colaboradores. Não se pode esperar que trabalhem motivados ou saibam o que fazer para que a organização atinja seus objetivos.

Os muitos autores da área de Gestão apresentam diferentes técnicas para formulação da Intenção Estratégica. Nossa experiência nos permite defender o seguinte:

Negócio

É o primeiro elemento da Intenção Estratégica. A partir do Negócio, será definida a Missão. Algumas pessoas podem confundir o Negócio com os produtos ou serviços da organização, mas o Negócio é o que se espera alcançar com tais produtos ou serviços. Para definir o Negócio, responda PARA QUE SERVEM SEUS PRODUTOS E SERVIÇOS, como nos exemplos a seguir:

Empresa	Produtos	Negócio
Editora Abril	Publicações	Informação e cultura
Harley-Davidson	Motocicleta	Estilo de vida
Kopenhagen	Chocolate	Presentes
Danone	Iogurte	Saúde
Petrobras	Petróleo	Energia
Revlon	Cosméticos	Beleza e esperança
C&A	Roupas	Moda

Adaptado de "Construindo Estratégias para Vencer" - Paulo de Vasconcelos Filho e Dernizo Pagnoncelli (2001)

A definição estratégica do Negócio pode mudar a forma como os líderes encaram suas organizações, com reflexos em todos os níveis. Ao pensar sobre o Negócio da organização, os líderes dão início a uma verdadeira mudança nos rumos da construção e do aproveitamento do Capital Intelectual.

Missão

Infelizmente, ainda encontramos declarações de Missão com frases extensas e cheias de palavras bonitas, mas nada esclarecedoras. A maioria, em molduras antigas, serve para enfeitar salas de espera. É comum encontrar frases como "atender às expectativas de nossos clientes com produtos de qualidade e respeito ao meio ambiente". É o tipo de frase que pode ser usada por qualquer empresa, mas deixa muitas dúvidas:
- Quais são as expectativas dos clientes?
- O que significa "qualidade" para o cliente?
- "Respeito ao meio ambiente" não ficaria melhor na lista de Princípios?

A Missão é O QUE A ORGANIZAÇÃO REALIZARÁ NO SEU NEGÓCIO, que mudará a vida de todos os *stakeholders*, principalmente de seus clientes, de maneira positiva. Produzir produtos ou prestar serviços não pode ser a Missão em si, mas trabalhos necessários para que se cumpra a Missão. A declaração de Missão não precisa ser uma frase extensa. O importante é que seja poderosa e motivadora, como nos seguintes exemplos:

Você SA
Preparar os executivos para o próximo milênio

MBA Program da HBS
Desenvolver notáveis líderes em negócios que contribuam para o bem-estar da sociedade

Capital Intelectual

> *McKinsey & Company*
> *Auxiliar corporações e governos líderes a obter mais sucesso*
>
> *Disney*
> *Alegrar as pessoas*

Fonte: "Construindo Estratégias para Vencer" - Paulo de Vasconcelos Filho e Dernizo Pagnoncelli (2001)

Visão

Em sua receita para transformar conhecimento em dinheiro, a 3M – empresa que possui subsidiárias em 65 países, comercializa em mais de 200 países e conta com 80 mil colaboradores, recomenda "desenvolver e comunicar a Visão Estratégica".

Qualquer líder precisa de uma Visão a perseguir. Todos os grandes líderes da história chamaram a atenção pela forma como envolveram seus liderados rumo a uma Visão de futuro.

COMO SUA ORGANIZAÇÃO SERÁ PERCEBIDA NO FUTURO? A resposta a esta pergunta será sua declaração de Visão, que deve esclarecer como os *stakeholders* perceberão sua empresa em sua área de atuação (setor de negócios, área geográfica ou mercado consumidor).

Exemplos:
- Ser líder no mercado nacional de explosivos até 2016;
- Ser referência na distribuição de alimentos no Sudeste do Brasil até 2015;
- Ser reconhecida como empresa organizada e inovadora.

Sua declaração de Visão não pode ser impossível de ser alcançada, ou não terá credibilidade. Se for simplória, não motivará. Deve ser realista, porém, desafiadora.

Princípios

Entendemos cada Princípio como uma técnica. O conjunto destas técnicas é o *modus operandi* no qual se confia para que a Missão seja cumprida e a Visão alcançada.

Na atividade física, para melhorar a saúde e o preparo físico, temos o Princípio da "continuidade". No Direito, temos o Princípio da "isonomia", dentre muitos outros. Numa Organização, várias normas balizarão as atividades. Essas normas serão os seus Princípios.

São exemplos de Princípios:
- Foco no cliente
- Gestão por diretrizes
- Respeito pelas pessoas
- Respeito pelo meio ambiente
- Gestão pela Qualidade etc...

Valores

Em "Marketing 3.0", ao abordar o tema "atração e retenção de talentos", Philip Kotler (2010) conta que *"uma pesquisa realizada pela McKinsey & Company de 1997 revelou que 58% dos executivos classificavam os valores e a cultura de marca como a principal motivação para os empregados".*

Muito se fala sobre o **CHA** da Competência (**Conhecimento, Habilidades e Atitudes**). Repare que o **Conhecimento** e as **Habilidades** logo recebem atenção quando o assunto é Capital Intelectual. Porém, a maioria das demissões ocorre por causa das **Atitudes**. Essas demissões poderiam ser evitadas se, desde o momento da seleção de candidatos, estivessem claros para os *headhunters* quais são os valores dos quais a organização não abre mão.

Por isso, os processos de contratação de executivos têm sofrido sérias mudanças. A análise de currículos e uma bateria de dinâmicas e entrevistas já não são o suficiente para se escolher um candidato. Hoje, passa-se mais tempo com o candidato, principalmente fora do ambiente profissional. O objetivo é saber como o candidato se comporta em situações do dia a dia.

Valores são aspectos do caráter. Uma equipe formada por pessoas honestas contará com um bom clima, mesmo com tipos de inteligência diferentes. Porém, se nesta equipe ingressar um indivíduo inescrupuloso, ele logo será expelido como um corpo estranho. Por mais **conhecimentos** e **habilidades** que esse indivíduo demonstre ter, suas **atitudes** causarão repulsa. Caso permaneça no grupo, o clima ficará prejudicado, comprometendo o Capital Intelectual.

Os Valores que sustentarão as **atitudes** devem ser compatíveis. Naturalmente, fornecedores e clientes da organização se ligarão a ela por causa de seus Valores.

São exemplos de Valores:

- Generosidade
- Integridade
- Honra
- Comprometimento
- Humildade
- Respeito
- Honestidade
- Ética
- Fidelidade

- Tolerância
- Responsabilidade
- Lealdade
- Determinação
- Coragem
- Compaixão
- Benevolência
- Amizade
- Família

Capital Intelectual

CONSIDERAÇÕES FINAIS

O desenvolvimento do Capital Intelectual depende de vários fatores, além da Intenção Estratégica. O objetivo aqui é apresentá-la como ferramenta que ajudará a garantir o melhor aproveitamento do Capital Intelectual.

Desenvolver uma Intenção Estratégica consistente pode levar semanas. Em raros casos, nossos clientes conseguiram desenvolver a Intenção Estratégica com menos de uma hora de reunião. Esse tempo deve ser considerado um investimento. Consideramos a Identidade Estratégica a base de qualquer projeto de consultoria. Os consultores de Planejamento Estratégico e Gestão da Qualidade sempre iniciam seus trabalhos com a elaboração da Intenção Estratégica.

Sua declaração de Visão pode sofrer alterações após estudo das suas Forças, Fraquezas, Oportunidades e Ameaças (Análise SWOT). O mesmo pode ocorrer no "Jogo de Cenários", utilizado em Planejamentos Estratégicos, quando a organização passa a conhecer outras nuances do seu macroambiente e pode mudar sua Visão de futuro.

Referências

JÚNIOR, Santiago, SÁTIRO, José Renato. *Capital Intelectual: o grande desafio das organizações*. – São Paulo: Novatec Editora, 2007.

KOTLER, Philip. *Marketing 3.0: as forças que estão definindo o novo marketing centrado no ser humano* / Philip Kotler, Hermawan Kartajaya, Iwan Setiawan; tradução Ana Beatriz Rodriguez. – Rio de Janeiro: Elsevier, 2010 – 9ª reimpressão.

GREGERMAN, Alan S. *Gênios: como despertar a genialidade na sua empresa, na sua equipe e em você* / Alan S. Gregerman; tradução de Maria Alayde Carvalho. – São Paulo: Editora Gente, 2008.

VASCONCELOS Filho, Paulo de. Construindo estratégias para competir no Século XXI / Paulo de Vasconcelos Filho, Dernizo Pagnoncelli. – Rio de Janeiro: Editora Campus, 2001.

CHIAVENATO, Idalberto. *Planejamento Estratégico* / Idalberto Chiavenato, Arão Sapiro. – Rio de Janeiro: Elsevier, 2003 – 11ª reimpressão.

Revista Liderança: Gestão, Pessoas e Atitudes: Edição de Março de 2012 – Editora Quantum.

Pág. 42 – Transforme conhecimento em dinheiro.
Pág. 44 – O poder da equipe.

12

Procrastinação: não deixe o sucesso para depois

Mesmo que saibamos o que temos de fazer, às vezes enganamos a nós mesmos e adiamos uma e outra vez, frequentemente com desculpas que sabemos serem fracas e muitas vezes até mesmo falsas. Entramos num ciclo vicioso de fazer pouco ou nada, tanto sobre o que queremos como o que não queremos, ficamos presos e sem reação. Para obter sucesso na vida pessoal e profissional em dias atuais é necessário tomar decisões e realizar ações de forma rápida e efetiva. Livre-se da procrastinação e boa leitura!

Fabio Arruda

Fabio Arruda

Coach com certificação internacional pelo IBC (Instituto Brasileiro de Coach), licenciado pelo ECA (European Coaching Association), GCC (Global Coaching Community), BCI (Behavioral Coaching Institute) e pela IAC (International Association of Coaching), Trainer em PNL, Bacharel em Administração de Empresas pela Universidade Ceuma (UNICEUMA) e possui Especialização em Segurança do Trabalho pela Faculdade Integrada de Jacarepaguá (FIJ), Especialização em Engenharia da Produção pela Faculdade Pitágoras, Especialização em Gerenciamento de Projetos pela Universidade Gama Filho (UGF) e possui MBA Executivo em Gestão de Pessoas pela Universidade Cândido Mendes (UCAM). Auditor Líder de SGI (Sistema de Gestão Integrada) certificado pelo British Standards Institution (BSI). Escritor do livro "Coaching: A solução" realizado pela editora Ser Mais. Tem experiência na área de Gestão de Pessoas, Liderança de Equipes, Saúde e Segurança Ocupacional, Análise de Risco, Analise de Falhas, Gestão de Mudanças, Operação Ferroviária e Gestão de Contratos. Já atuou em diversos cargos na área de gestão em empresas de grande porte, atualmente é Gerente de Saúde e Segurança Ocupacional no departamento de implantação de projetos de uma empresa multinacional que atua na área de mineração. Também atua como auditor de programas de certificações de empresas na área de SSMAQ (Saúde, Segurança, Meio Ambiente e Qualidade). Idealizador do Blog Arruda Consult que media temas na área de gestão empresarial, motivação, carreira e gestão de pessoas.

Contatos
www.arrudaconsult.blogspot.com.br
adm.fabioarruda@outlook.com
br.linkedin.com/pub/fabio-arruda/22/635/917
www.facebook.com/fabio.arruda.mg
www.twitter.com/Arrudamg

Fabio Arruda

Na era da globalização, economia estável, informações abundantes e acessíveis, tecnologia avançada e com mercado de trabalho competitivo, é cada vez mais demandado dos profissionais velocidade e assertividade nas ações e na tomada de decisões. Nesse contexto, a efetividade no tempo de resposta se torna uma importante competência e um diferencial competitivo. Mas, contrariando essa necessidade do mercado, ainda vemos que a postergação de ações e que a perda do *time* ainda fazem parte do cotidiano, ou seja, ainda impera o famoso "empurrar com a barriga".

Você conhece alguém que deixa tudo para depois?
Leia as expressões a seguir e tente lembrar quantas vezes você as tem ouvido ou expressões semelhantes no seu dia a dia.

"Só amanhã agora", "mais tarde", "depois eu faço", "não dá mais tempo para fazer hoje", "já fechei o sistema", "não dá para atendê-lo agora", "na segunda inicio", "vou esperar o final do ano", "o ano já está chegando ao fim, agora só no ano que vem", "ainda estamos em janeiro, vamos fazer mais para frente", "agora não dá", "estou muito ocupado".

Com certeza você já ouviu muito essas expressões em seu trabalho, faculdade, família, amigos, serviços públicos e até nas igrejas. Esse mal se chama **procrastinação.**

Significado de procrastinação
Procrastinação é o ato de deixar para depois ou adiamento de uma ação, logo, um procrastinador é um indivíduo que evita tarefas ou que está evitando uma tarefa em particular. Vem do latim *procrastinatus*, que significa **adiamento interminável**. Ou seja, adie tudo o que você precisa fazer para a data mais longe possível e negocie novos adiamentos quando houver oportunidade.

Essa lei é uma decorrência direta da "Lei do Menor Esforço" e exige que tudo deve ser feito no final do prazo, empregando todo o prazo concedido em atividades de menor importância. A procrastinação consiste em estender esse prazo ao máximo possível, dando assim mais tempo para ações sem finalidade.

Também pode ser chamada de desídia, preguiça, 'leseira', ou a canseira que aparece antes de se fazer qualquer coisa.

Expressões mais características da procrastinação:
- Agora não;
- Daqui a pouco;
- Deixa para mais tarde;
- Amanhã, quem sabe;

Capital Intelectual

- Deixa para amanhã que hoje eu não tenho tempo;
- Mas vai começar meu programa preferido na TV;
- Estou doente;
- Depois eu faço;
- Passa aqui depois;
- Estou muito ocupado agora;
- Não tenho todos os recursos necessários para fazer isso;
- Não sei fazer isso.

Exemplos práticos da procrastinação:
- A pia cheia de louças;
- A grama alta do jardim;
- E-mails sem respostas;
- Cama sem arrumar;
- Estudar somente na véspera da prova;
- Não se preparar para fazer uma apresentação;
- Ficar até mais tarde para fazer um relatório previamente programado;
- Comprar o presente do dia das crianças um dia antes do feriado;
- Ficar sem gasolina por postergar o abastecimento.

Procrastinação pode virar doença

Embora a procrastinação seja considerada normal, ela pode se tornar um problema quando impede o funcionamento normal das ações e gera estagnação pessoal ou profissional. A procrastinação crônica pode ser um sinal de alguma desordem psicológica ou fisiológica.

Segundo o especialista em qualidade de vida, Flávio Coutinho, a procrastinação pode ser, na realidade, um distúrbio comportamental, que vem sendo estudado mais amiúde nesses últimos anos. Ela pode esconder comprometimentos mais graves como depressão, que é uma doença crônica grave, que se não for tratada, a pessoa portadora pode até vir a cometer suicídio; ou déficit de atenção, causando sérios prejuízos à saúde mental do indivíduo, se não diagnosticada corretamente. Nesse caso, a orientação é procurar auxílio de profissionais que possam ajudar a tratar e reverter os sintomas e as causas.

Prejuízo nas relações sociais e econômicas

O ato de deixar tarefas e compromissos para depois tem sido um hábito presente em nosso cotidiano, herança da cultura ocidental. A maioria das pessoas e profissionais que deixa tudo para amanhã atrai como consequência prejuízos significativos na carreira profissional, pessoal e até em sua vida econômica.

Com esse comportamento projetos emperram, ações de desenvolvimento empresarial, pessoal e profissional atrasam, as ações de melhorias travam e, consequentemente, como uma grande bola de neve, os prejuízos crescem a ponto de impactar em toda uma economia. Imagina um "mundo de gente" procrastinando ao mesmo tempo.

Uma consequência visível da aplicação da procrastinação são as compras de Natal. Às vésperas da comemoração, milhões de brasileiros lotam as lojas a fim de encontrar bons presentes e que estejam dentro do orçamento. Difícil é fazer isso com conforto, com rapidez e sem estresse. Faltam atendentes nas lojas, falta estacionamento, sobra gente, sobra sufoco e se paga mais caro!

Apesar desse quadro nada animador, tardamos ano após ano para comprar os presentes da família. Repetimos essa ação, pois, apesar de tudo, pensamos que conseguimos na medida do possível "atingir nossos objetivos". O alívio de se ter conseguido comprar os presentes é o reforço para praticarmos novamente o ato de deixarmos as compras para as vésperas.

Contudo, ao se compreender a procrastinação como um comportamento válido, deixamos de avaliar o que perdemos quando não agimos de maneira pensada, planejada e no tempo certo. Ou seja, o que aparentemente deu certo, na verdade ocorreu dentro de uma margem medíocre de vantagens. Perdeu-se tempo em engarrafamento, filas gigantescas, perdeu-se dinheiro com o troco errado que você não conferiu por pressa e com o 'flanelinha' que cobrou muito acima do esperado, perdeu-se o presente da sua filha que não tinha mais na prateleira, e ganhou a sensação de que faltou remir o tempo a ponto dele ser realmente produtivo.

O exemplo acima pode parecer até engraçado quando olhamos que também já praticamos essas ações, mas quando questões mais sérias estão envolvidas, os prejuízos também serão mais sérios e mais difíceis de reversão.

Em geral, a procrastinação também se relaciona com a Lei de Murphy, pois tudo que é deixado para a última hora costuma dar totalmente ou parcialmente errado e não é terminado antes do final do prazo. Isso alimenta novamente o cumprimento da procrastinação, pois a correção do que não foi terminado em cima da hora necessita de mais tempo, este que será empregado apenas em novas atividades fúteis. E ficamos neste *looping* do fracasso e perda de tempo.

Fuja da procrastinação implantando ações simples

Mesmo que saibamos o que temos de fazer, às vezes enganamos a nós mesmos e adiamos uma e outra vez, frequentemente com

Capital Intelectual

desculpas que sabemos serem fracas e muitas vezes até mesmo falsas. Entramos num ciclo vicioso de fazer pouco ou nada, tanto sobre o que queremos, como o que não queremos. Ficamos presos e sem reação.

Estão aqui algumas ideias para superar a procrastinação e recuperar o tempo perdido na sua caminhada pela estrada do sucesso.

Reconheça seu ponto de procrastinação

Aqui começa uma investigação, nessa etapa é necessário fazer uma busca pelo ponto que gera a procrastinação. Esse ponto são ações, momentos, tarefas, circunstâncias ou relações que deixam com desejo de postergar e assim mover ações que podem ajudá-lo a vencer esse comportamento.

Uma das primeiras orientações é prestar atenção em quais momentos você decide adiar alguma coisa, se perguntando se o estresse gerado por essa atitude vale a pena o adiamento.

Saia da inércia

Busque não iniciar uma tarefa que exista o sentimento de que não é possível se conseguir cumprir, pois podemos iniciar e, em seguida, desistirmos, ficando inertes. Não olhe para "o todo" do que tem de fazer, uma das formas mais comuns de procrastinação é quando nos sentimos esmagados pela quantidade de coisas que temos para fazer, e assim não agimos.

É mister estabelecer suas prioridades e somente depois fazer suas tarefas ou obrigações. Desenvolver uma lista de ações diárias que são mais importantes também ajuda muito aos portadores da procrastinação. Tente separar aquilo que tem de fazer em pequenas tarefas. Escreva-as como uma lista num pedaço de papel. Centre-se apenas sobre a concretização de uma pequena tarefa ou porção dela. Passe depois para a seguinte. Supere uma etapa de cada vez e não pense em descansar. Antes que perceba, já estará no meio caminho. "Uma longa caminhada começa com o primeiro passo" (Lao-Tsé).

Assuma o controle

Confie em seus instintos ao ouvir a voz interior. Sempre existirá o convite para tomada de decisão, seja para enfrentar um novo projeto, cumprir um cronograma, mudar de atitude, criar novos hábitos ou desenvolver novas habilidades. Para assumir o controle de sua vida de forma planejada e eficaz uma boa opção é lançar mão do Planejamento Estratégico Pessoal; como ferramenta indico o [1]PEP.P&C que apresentaremos mais adiante.

A estratégia faz parte do bojo da administração há muitos

---

[1]PLANEJAMENTO ESTRATÉGICO PESSOAL APLICADO À CARREIRA E À VIDA PESSOAL. MÉTODO DESENVOLVIDO POR FABIO ARRUDA.

anos. Sun Tzu apresentou esse conceito entre 400 e 320 a.C, na China, quando escreveu o livro "A arte da guerra", passando a ser considerado o "pai" da estratégia. Esse livro ainda hoje é lido por executivos do mundo inteiro e seus ensinamentos são utilizados e aplicados em diversos estudos acadêmicos. Nesse contexto "nasce" o Planejamento Estratégico Pessoal que é um processo gerencial no qual são estabelecidas premissas básicas para que a pessoa, sistematicamente, siga um fluxo de evolução coerente e sustentável.

Assim como o general chinês Sun Tzu utilizou a estratégia na guerra, o PEP.C&P utiliza a estratégia para potencializar o ser humano nas dimensões da Vida Pessoal e Carreira. Esse método altamente efetivo aplica ferramentas do planejamento estratégico com a autoavaliação nas 7(sete) competências críticas para o sucesso, com possibilidade de inclusão de plano de ação e definição de objetivos e metas de curto, médio e longo prazo.

Esta metodologia poderá ser aplicada pelo leitor com grandes possibilidades de gerar benefícios nas áreas pessoal e profissional. Para alcançar os resultados desejados é imprescindível disciplina e comprometimento para apropriar-se de seus elementos teóricos e práticos, adotando ações e implementando mudanças necessárias em conformidade com a sua realidade.

A espinha dorsal da metodologia PEP.C&P consiste em fazer com que a pessoa usuária da metodologia possa desenvolver o hábito de elaborar seu planejamento pessoal de forma explícita, ou seja, é necessário efetuar uma pausa para reflexão, anotar e perseguir seus objetivos e metas pessoais traçadas no planejamento estratégico. De forma resumida, toda a metodologia está dividida em sete etapas elaborada em uma única página, e que visam responder os três grupos de perguntas abaixo relacionadas:

1. Quem sou eu e o que realmente importa na minha vida?
2. Como estou? Qual meu estado atual? E qual meu grau de satisfação?
3. Quais são meus planos, objetivos e metas? E o que estou disposto a fazer para alcançá-los?

A ferramenta PEP.P&C está disponível para download gratuito em: www.arrudaconsult.blogspot.com.br

Defina e persiga suas metas
Analise de forma concreta o que você quer, deseja ou precisa em um determinado espaço de tempo, anote em um papel e mova ações para implementá-las em sua vida. Lembre-se, uma

Capital Intelectual

meta é um posicionamento desejável no futuro, se esforçado para implementar as condições (ações), ou seja, para isso é necessário dedicação e perseverança. Use as perguntas a seguir para definição e acompanhamento periódico de suas metas. O que realmente quero para minha vida? O que pretendo fazer ou possuir em 1, 3 e 5 anos? Quais são as ações necessárias para atingir o que quero? Minha meta está andando? De 1 a 10, quanto estou comprometido com minha meta? Que evidências tenho para comprovar que estou evoluído? Qual o próximo passo para continuar rumo à minha meta? Quando vou saber que atingi minha meta?

Quesitos para elaboração de metas
M - Mensurável, expressa em número ou em ações palpáveis.
E - Específica, traduzir o que se quer de fato.
T - Tempo, deve ser definido um horizonte de tempo para atingimento.
A - Alcançável, o atingimento deve estar dentro das possibilidades.
S - Significado Pessoal deve estar em linha com sua visão, missão e valores.

Supere dificuldades
O alvo aqui é transpor barreiras, superar obstáculos, não desistir diante de adversidade, de nada adianta ficar reclamando por não ter tempo ou recursos por exemplo, o meio organizacional enfrenta a escassez de recursos. Ninguém tem recursos em abundância ao seu redor e disponíveis a toda hora. Na verdade, as empresas estão contratando menos pessoas para fazer ainda mais trabalho. Nós todos experimentamos a situação onde o número de empregados é reduzido e o trabalho é distribuído entre aqueles que permanecem. Nesse contexto, para prover a proeza de ser um bem-sucedido superador de dificuldades e obstáculos, o foco deve ser nas soluções e para isso você pode contar com a cadeia de ajuda (peça auxílio aos outros sem vergonha) e com a aquisição de novos conhecimentos.

Não seja mais uma vítima do *looping* do fracasso, entenda que a procrastinação é um mal, por isso trace suas metas de forma consciente e as monitore de forma efetiva. Siga em frente e muito sucesso!

13

A massa é cinzenta

Quando percebemos que conhecemos algo que é novo, estamos diante de ativos intangíveis, patrimônios adquiridos e, na maior parte do tempo, não encontramos meios para transformá-lo em ganho. Facilmente legados à inércia, deixados latentes ao longo do processo será seu capital intelectual um desperdício. Por isso, me interesso tanto que se dedique a entender seu próprio capital intelectual, pois não irá receber valor algum por algo que você mesmo não souber valorizar

Fredh Hoss

Fredh Hoss

Master Coach e Menthor Holomentor ISOR – Certificado pelo Instituto Holos. Teólogo e radialista de formação. Realizou a primeira cerimônia aos doze anos de idade no púlpito da Igreja. Desde então locutor, cerimonialista público e privado, mestre de cerimônias e palestrante. Acreditando na proposta de ser possível uma cerimônia de casamento objetiva e democrática na sua forma de se celebrar, Fredh Hoss começa a atender noivos no ano 2000. Com uma voz culta, presença de palco, dinâmica e energia única, torna-se celebrante de casamentos, palestrante e apresentador. Ele atende regularmente casamentos, exposições, desfiles, aparições de celebridades e noites de prêmios ao redor de São Paulo, além de atender outras cidades e Estados por todo o território brasileiro. Um dos pioneiros em coaching familiar no Brasil. Mantém as coisas nos trilhos, enquanto injeta seu próprio calor e humor para um evento memorável. Ele tem, de longe, uma das vozes mais distintas do país. Entre suas centenas de clientes estão empresas e instituições renomadas no Brasil e no mundo, como: Leroy Merlin, Petrobras, Alpargatas, Sebrae, Sescon e Unisescon, Banco do Brasil, Senac, Sunset Relationship Branding, Fiat, Mind Agency, Forma Promocional, Guias FreeShop, Arco SPM, Correios, Apadep, Murr Eletronick, Abraphe, Super Clubs – Sonesta Colletion, Potência Seguros, Rabobank, SBT, Sindicomunitário, Navarromed, Draxer Investimentos, Nadir Figueiredo, Sator, Telefonica, Faap, SPC Brasil, Brookfield Incorporações, TAM, Bosch. É Presidente e Cofundador da HV7 Cerimonial Treinamentos e Eventos e Idealizador da Brides Parade Brasil.

Contatos
www.hv7cerimonial.com.br
fredh@hv7cerimonial.com.br

Fredh Hoss

Conversas incompletas, conclusões indefinidas, contribuições precisas.
- Sabe, a conversa está muito boa, mas eu já tenho que ir embora.
- Poxa, ainda está tão cedo e temos tantos assuntos para colocar em dia.
- Agora já não dá mais, vamos marcar outra oportunidade, daí retomamos a conversa.

Todos nós estávamos em volta daquele fogão. Entre uma fala e outra da conversa, apenas o chilrear das panelas enchiam o lugar acrescentando aromas e sabores que se espalhavam pelo ar. Daquela pequena panela com algumas batatas descascadas e picadas, sorvia o calor seus sabores misturados a bom tempero. Observando aquele fervilhar divagou estar curioso sobre aquelas possibilidades.

- Gostaria de experimentar o sabor destas batatas? Vou preparar um pouco em um pratinho e ficará maravilhado.

Derramou um fio de azeite desenhando círculos finos pelo fundo do prato. Colocou apenas um pedaço de batata com suas bordas douradas bem ao centro. Trouxe uma rodela bem fina de calabresa para ser sustentada sobre o pequeno pedaço de batata. Por capricho típico aos chefes uma pequena folha de salsa sobre. Disse-me então que em um gesto contínuo deveria arrastar aquele conjunto pelo fundo do prato até que estivessem todas as partes sustentadas para serem levadas à boca, de uma única vez. Quando o fazia ele acrescentou: - Agora já com a boca aberta e mais próximo ao prato, inspire o sabor antes de dar a mordida.

Quando o fiz como me instruiu, a boca, já cheia d'água transbordou envolvendo aquela simplicidade.

Coeficiente

Qual é o grau de entendimento da potência, da quantidade, da diversidade, da intensidade contida nos assuntos do quais consegue tratar?

Capital Intelectual é tudo aquilo que nós podemos fazer com o que compreendemos, tornando-nos capazes de processarmos, praticarmos e repetirmos. É o que fazemos novo, criamos, aperfeiçoamos e até reinventamos baseando-nos naquilo que descobrimos.

Assim, quando percebemos que conhecemos algo que soa como novidade, estamos diante de ativos intangíveis, patrimônios adquiridos e facilmente legados à inércia, deixados latentes ao longo do processo.

As características fundamentais do ativo são detenção da propriedade e/ou posse e controle; capacidade de gerar benefícios futuros; direito exclusivo. O Capital Intelectual se encontra descrito como ativo intangível.

Capital Intelectual

Gerador de resultados

Com o crescimento do setor de serviços e seu aperfeiçoamento, e a partir da evolução da sociedade industrial para a sociedade do conhecimento, não podemos atribuir os resultados de uma entidade apenas a seus ativos tangíveis, pois não são os únicos responsáveis pela geração de resultados. O ativo intangível constitui-se um recurso essencial para a geração de valor nas organizações.

Ativo intangível é "um ativo de capital que não tem existência física, cujo valor é ilimitado pelos direitos e benefícios que antecipadamente sua posse confere ao proprietário". Segundo Kohler *apud* Iudícibus (1997, p. 203), assim o Capital Intelectual no contexto atual se torna e tem obtido reconhecimento como uma das principais e mais importantes ferramentas de desenvolvimento. Em um mundo cada vez mais globalizado e competitivo, o capital intelectual tem sido um dos principais meios de desenvolvimento do empreendedorismo.

São muitos os conceitos encontrados a respeito de Capital Intelectual, principalmente em função de sua subjetividade, uma metáfora bastante interessante para demonstrar a dificuldade de mensuração é a "metáfora da árvore". Por sua subjetividade e ainda a parcimônia com a qual se trata o assunto, seu entendimento ainda é assaltado por protestos.

Gostaria que pensássemos em uma árvore de cabeça para baixo. Agora imagine sua capacidade ser representada pelas raízes da árvore, sua inteligência, conhecimento, atitudes e habilidades como nutrientes encontrados na terra e água. Por que nossa árvore está de ponta-cabeça? Nossos sonhos de realização, inventividade, iniciativa, enfim, o todo reconhecido como capital intelectual não nos deixa mais invisíveis como as raízes de uma árvore.

Segundo Brooking apud Martins (2002, p. 47-48), o Capital Intelectual pode ser dividido em quatro categorias: 1ª Ativos de mercado significando o potencial que a empresa possui em decorrência dos intangíveis, que estão relacionados ao mercado, tais como marca, clientes, lealdade dos clientes, negócios recorrentes, negócios em andamento (*backlog*), canais de distribuição, franquias etc.; 2ª Ativos humanos que são os benefícios que o indivíduo pode proporcionar para as organizações por meio de sua *expertise*, criatividade, conhecimento, habilidade para resolver problemas, tudo visto de forma coletiva e dinâmica; 3ª Ativos de propriedade intelectual que são ativos que necessitam de proteção legal para proporcionarem às organizações benefícios, tais como *know-how*, segredos industriais, *copyright*, patentes, designs, etc.; 4ª Ativos de infraestrutura significando tecnologias, metodologias e processos empregados como cultura, sistema de informação, métodos gerenciais, aceitação de riscos, banco de dados de clientes etc.

Tomando posse do território

Percebemos que apenas na primeira categoria a entidade empresa se destaca mais que o indivíduo participante da organização, assim como a ênfase da colocação na "forma coletiva e dinâmica" busca cooperar a que a contribuição de um indivíduo passe a representar uma imaginária capacidade de toda a organização. Ficaria assim amenizada a dependência da entidade empresa ao capital intelectual individual.

Com tais observações destaco para que perceba o valor intrínseco do indivíduo contribuindo para o bem da coletividade organizacional, significando principalmente a capacidade de quem reconhece possuir capital intelectual, empreender e criar sua própria organização. Exemplo claro o surgimento do Facebook.

Óbvio entendermos o termo Capital Intelectual abrangendo muitos componentes dentro de uma organização, por isso valorizá-lo. Não se trata da capacidade ou o potencial do indivíduo simplesmente. O Capital Intelectual surge no indivíduo e se torna mais amplo concordando com a declaração de Duffy apud Wernke (2002, p. 24), que capital humano e intelectual são intimamente ligados, portanto facilmente confundidos.

O Capital Intelectual é mais amplo, abrangendo conhecimentos de uma empresa relativos às pessoas, metodologias, patentes, projetos e relacionamentos. Sendo difícil sua mensuração no levantamento do valor de uma empresa, é importante a sua frequente avaliação. Essa pode ser a diferença entre o valor patrimonial de uma empresa e seu valor de venda potencializando sua valoração de milhões para bilhões.

Mexendo a massa

Fui aluno antes de me tornar professor. Adquirir conhecimento é primordial, forma alicerce. Se puder estique os braços lateralmente, estique o máximo que conseguir, mesmo assim tente, mantenha as pontas dos dedos em seu campo visual sem que desmanche a forma de duas asas bem abertas, tenha calma e respire. Seus olhos se acostumarão primeiro com a postura e depois suas íris se ampliarão e também enxergarão a linha do horizonte infinito em 180°. Concentração agora para usar a imaginação. Visualize ser possível o seguinte: Seus dedos tocarem a linha do infinito. Sinta-se parte desse horizonte infinito. Acabamos de definir sua capacidade de obtenção e retenção de conhecimento.

Capital Intelectual

Dentro da organização pela qual trabalha e dela faz parte esse conhecimento estará dedicando seu capital intelectual e, assim, sua contribuição para o objetivo global da organização. Deverá ser tratado e, principalmente, tratar o outro indivíduo como um ativo intangível raro, especial, de maior importância para o sucesso global. Desta maneira surge o esforço adequado para alocar cada pessoa em sua função certa, levando-se em conta suas habilidades.

"Agora já com a boca aberta e mais próximo ao prato inspire o sabor antes de dar a mordida." Lembrou-se dessa frase? Potencialize seu experimento do conhecimento, esse é um meio desenvolvedor de habilidades. Participe de oficinas, além de ouvir palestras. Esses workshops são oportunas janelas para que a organização reconheça sua individualidade. Inspire confiança e seja visto, que é mais que ser notado.

Para tudo existem cálculos que nos avaliam. A procura por um trabalho de coaching produz 80% mais resultados que apenas treinamento convencional. A identificação do *know-how* gerado pela P&D (Pesquisa e Desenvolvimento) revela aumento do R.O.I. (Retorno sobre o Capital Investido).

A comunicação e oratória apoia na conquista da fidelização de clientela. A identificação dos clientes recorrentes, a mensuração do valor da marca. A avaliação dos canais de distribuição, a existência de estratégia proativa para tratar a propriedade intelectual. Sinergia entre os programas de treinamento e os objetivos corporativos definidos com clareza. Todo nosso esforço pessoal possível, seguindo essa lista descritiva de fatores que geram Capital Intelectual, demonstrará nossa capacidade de tomar atitude, são iniciativas independentes em proveito dos fatores apoiadores fornecidos pela organização.

A valorização da cultura organizacional, o encorajamento para inovações, participação na elaboração dos objetivos traçados e a valorização das opiniões individuais de cada colaborador sobre os aspectos do trabalho fornecerão também subsídios para o aumento e/ou aquisição de maior capital intelectual a ser correspondido pelo meio. Para tanto, dependemos de uma infraestrutura para ajudar os colaboradores a desempenharem um trabalho que busque a excelência.

Ponto de cozimento

Ninguém se decepciona sem que coloque os ingredientes no mesmo recipiente e mexa a massa. Mesmo usando uma batedeira para o feitio, será inconcebível não saber o ponto, a liga da massa. São as características oferecidas ao meio que esquentarão os ânimos, para que as portas de oportunidades lhe sejam abertas. Somente àqueles já preparados são dadas as oportunidades. Então devemos nos antecipar. Mesmo em volta do fogão ingredientes poderão ser acrescentados que o farão mais interessante no cardápio da vida.

Se esforce para "estar" vivo, porque o rolo compressor do presente passará por cima de quem vive no passado, reclamando do que não enxerga no futuro.

Confesso que levei décadas para encontrar entendimento e aplicação para muitas das lições compartilhadas comigo para meu benefício. Não há melhor meio de obter compreensão que aumentar a intensidade do experimento, não é bom aprender somente por experiência própria. Esse método é natural, vamos vivendo e aprendendo, não é mesmo assim? Não deveria ser todo assim. A prática de outro que tenha experimentado e compartilhado nos serve de sabedoria, bastando que a entendamos. Eis o ponto, a liga da massa. Conseguirá esforçar-se para abrir mão de sua particular visão de mundo?

Você já possui Capital Intelectual, mesmo que latente seu ativo intangível existe. O reconhecer, torná-lo ampliável a proveitoso é o seu desafio. Transformar-se em valioso ingrediente da massa do mundo em evolução constante.

Pronto

Quando ainda bem jovem, antes dos 13 anos, aprendi que caso me tornasse um bom vendedor, não passaria dificuldades. Antes de chegar aos 18 anos, aprendi que um vendedor especialista, que alcance a excelência, pode vender qualquer tipo de produto e que os grandes realizadores do mundo foram excelentes vendedores.

Com o que este conhecimento contribui no momento em que o obtive? Como aprender isso mudou os fatos que vivia naquela época? Nada. Nada mudou naquele momento. Depois de dez anos o que esse aprendizado causou em minha vida pode ser comparável ao renascimento do pássaro Fênix. Um Capital Intelectual adquirido mesmo latente é valioso. Ainda que adormecido, aparentemente morto, basta compreender o conhecimento, desenvolver habilidades necessárias e tomar a atitude de empreender. Podemos revolucionar nosso mundo, reescrever nossa história, marcar a nossa linha do tempo com a inesquecível vitória.

Assim também mudamos a história do mundo. Sentados à beira do fogão entre uma história e outra. Observando aquele fervilhar divagou estar curioso sobre aquelas possibilidades. Ouvia atentamente, sabendo que mesmo tendo todo o tempo do mundo, o tempo era pouco para tanto que ansiava saber.

O que seria possível? De que possibilidade falava enquanto cuidava

Capital Intelectual

de vigiar o ferver das panelas? Teria eu a oportunidade de participar daquelas possibilidades?

Antes de obter a resposta, me ofereceu um bocado do seu preparo ao fogão. Lembro-me de ouvir sua explicação sobre o sabor e de que deveria fazer algo especial quando fosse dar a primeira garfada. Quando fiz como me instruiu, a boca já cheia d'água transbordou envolvendo aquela simplicidade.

- Sabe, a conversa está muito boa, mas eu já tenho que ir embora.
- Poxa, ainda está tão cedo e temos tantos assuntos para colocar em dia.
- Agora já não dá mais, vamos marcar outra oportunidade, daí retomamos a conversa.

Não se venda à falta de tempo, não se renda à pressa. Permaneça intenso em sua intenção, daí... Inspire o sabor antes de dar a mordida.

14

Capital Intelectual e Coaching: O papel do comportamento no alicerce do sucesso

"Sem sonhos, a vida não tem brilho.
Sem metas, os sonhos não têm alicerces.
Sem prioridades, os sonhos não se tornam reais. Sonhe, trace metas, estabeleça prioridades e corra riscos para executar seus sonhos. Melhor é errar por tentar do que errar por omitir!" *Augusto Cury*

Giulliano Esperança

Giulliano Esperança

Bacharel em Educação Física (Unesp - Rio Claro), especialista em Fisiologia do Exercício (Escola Paulista de Medicina) e também especialista em Marketing pela Madia Marketing School. Possui MBA em Coaching, Master Coach, Profissional Coach, Leader Coach, Professional Executive Coach pela Sociedade Latino Americana de Coaching e Professional & Personal Coaching pela Sociedade Brasileira de Coaching. Fundador do sistema "Wellness Manager" em treinamento personalizado e diretor executivo do Instituto do Bem Estar Giulliano Esperança. Membro da Sociedade Latino Americana de Coaching e Membro do Conselho Consultivo da Sociedade Brasileira de Personal Trainer. Empresário, personal coach, mentor e palestrante. "Venho cumprindo a minha missão de motivar pessoas a transformar intenção em ação, e ação em resultados, por meio de treinamento personalizado e hábitos saudáveis."

Contatos
www.giullianoesperanca.com.br
facebook.com/guilliano.esperanca
@GiullianoE
personal@giullianoesperanca.com.br
(19) 98246-5252 / (19) 3023-7711

O meu maior momento de crise profissional foi no primeiro trimestre de 2008, onde eu tinha todas as informações técnicas, mas faltava a estruturação, as disciplinas complementares como marketing e principalmente o coaching. Estudar coaching e autoaplicá-lo, proporcionou uma alavancagem pessoal, profissional e ainda permitiu que eu pudesse contribuir para melhorar a vida de inúmeras pessoas.

O que motiva um comportamento?

Imediatamente, nossa mente começa a formular dois pensamentos, ganharei algo, ou deixarei de perder. Nas duas situações está envolvido um valor soberano e quando ouvimos falar sobre Capital Intelectual logo se percebe que existem também valores envolvidos nesta questão.

O que é Capital Intelectual?

Pellegrini (2010) afirma que Capital Intelectual é um conjunto de informações encontradas na empresa e o potencial das pessoas em gerar conhecimento, inovando mediante a utilização da inteligência, onde o rumo da economia fundamenta-se em ideias.

Maria Kraemer em seu artigo Capital Intelectual: A Nova Vantagem Competitiva inicia com um posicionamento muito relevante, afirmando que o Capital Intelectual opera em todas as ações da vida, como também nas decisões, na sobrevivência da espécie humana e que as organizações e seus administradores vêm percebendo a sua influência e implicações nos resultados empresariais.

Segundo Ponte et al (2010), é um desafio para os gerentes desenvolver comportamentos que valorizem e principalmente alicercem o Capital Intelectual da empresa como um de seus ativos mais importantes.

Matos & Lopes (2008), afirmam, na globalização crescente a economia se depara com um desafio onde a Gestão do Conhecimento é uma condição para se atingir produtividade e competitividade. Ou seja, o conhecimento pode ser intangível, afirma Pellegrini (2010), o que não impede ser medido, logo o valor de mercado das empresas não está apenas em seu valor patrimonial físico, mas principalmente em seu Capital Intelectual.

Recapitulando, vimos que o Capital Intelectual depende das informações geradas na empresa, do potencial das pessoas em gerar conhecimento, que atua em todas as ações da vida, nas decisões, no gerenciamento de comportamentos congruentes com os valores operantes da empresa, que pode ser medido apesar de intangível e que contribui

Capital Intelectual

diretamente para o valor de mercado das empresas, ou seja, existe uma participação direta e decisiva das pessoas para a produção do Capital Intelectual na empresa.

Como o coaching pode contribuir para gerar valor?

Não basta saber, é preciso agir, ter o comportamento congruente com os ideais da empresa, produzindo conhecimento e gerindo as informações. Portanto, destaco a importância do autodesenvolvimento, do aprendizado e a partir daqui constata-se que um processo de coaching pode ser extremamente proveitoso para o Capital Intelectual.

Kotler (2009) afirma em sua obra Marketing para o Século XXI, as empresas, em geral, murmuram da grande dificuldade em se diferenciar das concorrentes, observa-se quase que uma mesmice entre elas, parte de uma economia hipercompetitiva, onde uma vantagem competitiva logo é copiada. O insucesso da não diferenciação é consequência de comportamentos que falharam no exercício pleno da sua imaginação, já que existem outras possibilidades de agregar valor ao serviço, ou ao produto da empresa.

Se faltou imaginação, o que faltou antes dela? O que se observa na realidade é a falta de capacidade de associar, reorganizar informações e ideias de forma construtiva, mais uma vez o comportamento perante a atuação frente ao mercado.

Drummond et al (2007) relata algo muito contundente com a questão, um novo e emergente paradigma econômico baseado em informação e conhecimento. Aqui faço uma ressalva, em minhas sessões de coaching 90% dos coachees, afirmam, que não imaginavam que era possível perceber o quanto sabiam sobre o assunto da sessão, que ficaram mais claros os caminhos para atingir a meta e que se sentem mais motivados quando percebem que é possível organizar as suas ideias e ter um plano de ação.

Imagine, se todas as pessoas que olham para você notarem que sabe gerir informações, produzir conhecimento e ter comportamento capaz de gerar valor, e mais, tendo a inteligência de integrar ideias e informação produzindo *insights*. Pessoas assim diferenciam a empresa com um valor agregado competitivo, com certeza, a sua vida profissional está dotada de um acréscimo promissor.

O que uma empresa ganha quando a sua equipe compreende e contribui que para se ter o melhor, é preciso fazer melhor?

Segundo Gallwey (1996), o coaching na sua essência libera o potencial de uma pessoa para aumentar a sua performance, auxiliando a aprender. Whitmore (2010) literalmente diz: "Para conseguir o melhor das pessoas, temos que acreditar que o melhor está lá - mas como sabemos que está, o quanto está e como extraímos isso?"

A resposta dessa afirmação já é uma proposta para o que Charles Duhigg descreve em seu livro o Poder do Hábito. Ele diz que enquanto uma empresa se encontra com hábitos disfuncionais, não será com uma postura simples, onde o líder manda mudar, que isso ocorrerá de um dia para o outro. Na realidade, sábios executivos usarão a gestão de crises, ressaltando que algo precisa mudar. Neste momento, abre-se uma oportunidade para novos padrões, se você voltar ao primeiro parágrafo deste texto, constatará que as pessoas se aproximam do que ganham, ou se distanciam do que perdem, por isso, a crise acaba sendo importante para a motivação, sem ela, perde-se a capacidade de manter-se e de criar o diferencial.

A situação descrita acima também congrui com a afirmação da participação do Capital Intelectual nas ações da vida e de sobrevivência (Maria Kraemer). Imagine que você perdeu a sensibilidade corporal de identificar que a temperatura está abaixo de zero, isso levará ao congelamento corporal. Uma pessoa que está perdendo a capacidade de identificar indicadores e informações, perderá a capacidade de produzir conhecimento e automaticamente estará fora do mercado.

Qual a relação entre oportunidade e preparo?

Sou empresário há mais de dez anos, infelizmente, me deparei com pessoas empacadas, que achavam que o conhecimento técnico era o suficiente para terem diferencial. Pessoas que negligenciaram o poder da humildade, o poder de um sorriso e, principalmente, o poder de realizar algo que atenda uma missão. Caro leitor, espero que compreenda que na verdade é como fazemos que proporciona o diferencial e não apenas achar que devemos ter um comportamento matricial, quem age e pensa assim estará no caminho obsolescência.

Acredito no coaching, pois sem objetivos e metas, nenhum curso de ação planejado existirá e saber qual é a meta e o objetivo, é o primeiro passo para construir sucesso pessoal. Visualizar um futuro promissor e desejado, é fundamental para organizar o agora e esperar pelo melhor, mesmo que tudo esteja bem. É uma maneira de gerar uma crise, de tirar nossos hábitos da zona de conforto.

Capital Intelectual

Pessoas, comportamento e responsabilidade

Pessoas de sucesso encaram o exercício profissional de uma maneira diferente, aventuram-se, são ousadas e fogem da mesmice. Têm repúdio ao ostracismo, entendem que os músculos atrofiam sem exercício e que o cérebro também, que os desafios são vitais para se diferenciar no mercado, eles são a janela de oportunidade.

Com o coaching, apoiamos para a descoberta do objetivo e meta pessoal, um desenvolvimento que pode estar alinhado com os interesses da empresa e gerar dividendos para os dois lados, empresa e colaborador. Essa ótica independe do momento profissional que esteja vivendo e da posição.

Descobrindo as forças

Para mim, a base do Capital Humano é o comportamento humano, por isso, é salutar compreender sobre as suas forças e suas fraquezas, isso contribuirá para os cálculos e estratégias de comportamento, lembrando que a meta das empresas no cenário hipercompetitivo é ter diferencial, para isso acontecer, é notório o diferencial no comportamento humano. Você já parou para pensar em uma palavra como as pessoas definiriam você?

Com o objetivo de levantar a bandeira do coaching nos processos de Capital Intelectual, sabendo que o comportamento humano será o gerador do conhecimento, espero que a pergunta acima desperte em você um objetivo de ter diferencial em suas atitudes e na realidade. Entenda, o que vive, o que tem e o que sente, dependem unicamente das suas ações.

"Não faça da sua vida um rascunho, poderás não ter tempo para passar a limpo." **Mario Quintana**

Hoje em dia ao se discutir sobre sucesso, um recurso que é abundante é a informação. O fato primordial a ser ressaltado é: diariamente eu tenho oportunidades para fazer do meu dia uma fonte de informações, que pode ser utilizada para gerar conhecimento e consequentemente contribuir com a formação do Capital Intelectual, seja na empresa, ou para você mesmo. Informações que podem formar um conjunto de conhecimento que serão utilizadas para que em suas estratégias o diferencial seja notado.

Em minha atuação como coach, observo e cada vez mais acredito que o excesso de tarefas e a falta de foco é o problema, que o simples é o segredo do sucesso. Se fosse possível acrescentar simplicidade em seu dia, qual seria a primeira coisa a fazer?

Lembre-se, um conjunto de informações organizadas, estruturadas e transformadas em conhecimento próprio criam o cenário favorável para a Gestão do Conhecimento, algo muito precioso e relevante para o Capital Intelectual.

"A percepção não altera os fatos. Podemos compreender (aprovar), sem contudo aprender (instruir-se). Procure conhecer bem o que vê e vive."
Jonatas Liasch

Na realidade estamos falando de um processo de aprendizagem e o importante vai ser levantar uma série de dados que, selecionados e retidos, formam um aprendizado. Um processo de coaching vai ao encontro dessa proposta, ao se estipular uma meta, iniciamos um processo de autoavaliação das áreas que compõem a nossa vida, permitindo compreender e assumir o controle das nossas escolhas, como também identificar o que deu certo, o que deu errado e o que não serviu para nada. O próximo passo será definir um plano de ação. John Withmore afirma que no processo de coaching a sua essência está em produzir consciência e responsabilidade, que apenas exigir o que queremos não têm utilidade. Mais uma vez, saliento que o comportamento humano é a força motriz, o coração da organização, em outras palavras, o comportamento é o espelho do Capital Intelectual, ou o seu fim, e se para mudarmos um comportamento não funciona exigir, é preciso produzir consciência e responsabilidade. Está mais do que na hora de integrar, coaching, gestão e desenvolvimento pessoal.

Dedico este trabalho ao meu sábio mentor, minha esposa companheira, aos meus enteados, aos meus queridos pai e mãe, aos nobres amigos e alunos, e ao meu grande coach Gabriel.

Referências

MATOS, Florinda; LOPES, Albino. *Gestão do capital intelectual: A nova vantagem competitiva das organizações*. Comportamento Organizacional e Gestão, 2008, vol. 14, No. 2, 233-245.

PEREIRA, Maise; FIÚSA, João; PONTE, Vera. *Capital Intelectual e Mensuração: Um estudo de caso em uma empresa de telecomunicação*.

KRAEMER, Maria. *Capital Intelectual: A nova vantagem competitiva*.

NEGO, Rivadávia; BARBOSA, Ricardo; PEREIRA, Heitor. *Gestão do conhecimento ou gestão de organizações da era do conhecimento? Um ensaio teórico-prático a partir de intervenções na realidade brasileira*. Perspectivas em Ciência da Informação, v.12, No. 1, p. 5-24, jan/abr 2007.

Capital Intelectual

PELLEGRINI, Augusto. *A evolução dos Estudos sobre Capital Intelectual*. Faculdade de Ciências Econômicas, Universidade Federal do Rio Grande Do Sul 2011.

DUHIGG, Charles. *O poder do hábito. Por que fazemos o que fazemos na vida e nos negócios.* Objetiva, 2012.

KOTLER, Philip. *Marketing para o Século XXI: como criar, conquistar e dominar mercados.* Ediouro, 2009.

WHITMORE, John. *Coaching para performance: aprimorando pessoas, desempenhos e resultados: competências pessoais para profissionais.* Quality Editora, 2010.

GALLWEY, W. Timothy. *O jogo interior do tênis.* Textonovo, 1996.

15

Três competências essenciais para o sucesso pessoal e profissional

"O analfabeto do século XXI não será aquele que não sabe ler nem escrever, mas aquele que não for capaz de aprender, desaprender e reaprender." Para aumentar a capacidade de expansão do CAPITAL INTELECTUAL, enumero algumas competências que julgo fundamentais para esse resultado

Gustavo Becker

Gustavo Becker

Administrador de Empresas com ênfase em Marketing. Coautor do livro "CAPITAL INTELECTUAL – A FÓRMULA DO SUCESSO" pela Editora Ser Mais. Foi Gestor do APERFEIÇOAMENTO LOJISTA DA FCDL/MG - Federação das CDLS do Estado de Minas Gerais. Foi vendedor e gestor em empresas como FGV - Fundação Getulio Vargas, Universidade Candido Mendes do Rio de Janeiro/RJ e IBE – Instituto Brasileiro de Empreendedorismo. Ator com mais de 15 espetáculos teatrais encenados. Vários vt's publicitários em TV (Fiat, Santa Casa, Wizard, Ministério da Saúde, entre outros). Dois longas-metragem no cinema "Fora de Ordem" e "ELA" com direção de Sérgio Gomes. Participações nas novelas "Poder Paralelo" da Rede Record e "Caras e Bocas" da TV Globo. Diretor da ARTBIS Comunicação e Treinamento.

Contatos
www.gustavobecker.com.br
contato@gustavobecker.com.br
(31) 2512-2025 / (31) 8881-0025

Gustavo Becker

Já vivemos a "ERA DA AGRICULTURA" onde quem detinha o poder eram os fazendeiros, os donos das terras, ou seja, a principal forma de capital era a terra.

Foi um tempo em que pouco se evoluía, pois não tinha televisão, rádio... As poucas informações que chegavam eram por meio da Igreja, da escola e da família.

A propriedade rural era a maior fonte de emprego.

Vivemos a "ERA INDUSTRIAL" e quem detinha o poder eram os "Empresários". A fábrica passou a ser a maior fonte geradora de receitas e também o maior empregador. A informação chegava de maneiras mais rápida, pelos jornais impressos, rádios e televisão. As pessoas eram treinadas e seguiam um padrão "Linha de Produção Industrial".

Atualmente vivemos a "ERA DO CONHECIMENTO" onde quem detém mais conhecimento e informação e, acima de tudo, sabe o que fazer para que esse conjunto gere riquezas, comanda o mercado. Somando a informação com o conhecimento (know-how) mais valor financeiro aplicado aos produtos produzidos por essa inteligência, então podemos dizer que estamos na "ERA DO CAPITAL INTELECTUAL".

Segundo Alvin Toffler, o analfabeto do século XXI não será aquele que não sabe ler nem escrever, mas aquele que não for capaz de aprender, desaprender e reaprender.

Basta você perceber que dentre as empresas mais valiosas do mundo estão as do mercado de tecnologia como: Facebook, Google, Apple e Microsoft. E qual é o principal produto comum que essas quatro empresas vendem? INFORMAÇÃO.

Acredito que para aumentar a capacidade de expansão do CAPITAL INTELECTUAL, enumero algumas competências que julgo fundamentais para esse resultado.

AUTOMOTIVAÇÃO

Motivação ou Automotivação?

A palavra motivação vem do latim movere, que significa "mover".

Ou então, "MOTIV – motivo" e "AÇÃO – fazer". Qual é o motivo que o faz entrar em ação?

O que o faz acordar todos os dias, abrir os olhos, se levantar da cama, tomar banho, se vestir, tomar café e sair de casa?

Muitas pessoas querem ser motivadas por razões externas e infelizmente terceirizam a sua própria motivação.

Esperam que a empresa as motivem todos os dias, com mais bônus no salário, mais comissão, viagens, participação nos lucros pelo resultado, promoção, plano de carreira etc. Esperam que o marido, a

Capital Intelectual

esposa ou os filhos as motivem todos os dias, com carinho, bilhete no bolso da camisa, flores, chocolates etc.

Motivação não existe. Ninguém motiva ninguém. Você é que tem que se motivar, sabe por quê? Porque ninguém conhece mais do que você quais são seus sonhos e desejos do que você mesmo... Pra onde você quer viajar? Em qual escola você quer que seu filho estude? Qual o carro você quer comprar? E a casa, qual é a casa dos seus sonhos?

Isso é AUTOMOTIVAÇÃO.

Veja a definição de automotivação que retirei da Wikipédia na internet:

Automotivação é a capacidade de motivar a si mesmo para encontrar uma razão e a força necessária para fazer alguma coisa, sem a necessidade de serem influenciados a fazê-lo por outra pessoa. Trabalhando em uma cuidadosa forma consistente, sem desistir.

Mas como ter AUTOMOTIVAÇÃO?

Aumentado a sua autoestima. Não confunda autoestima com felicidade.

Ter autoestima elevada não significa ter muito dinheiro ou ser um indivíduo de muito sucesso. Autoestima é um sentimento. É como você se sente com relação a você mesmo.

Para aumentar a sua autoestima trabalhe essas quatro dicas práticas:

1 – LISTA DA INFELICIDADE

A gente sempre encontra uma desculpa para não ser feliz e acaba produzindo uma enorme lista da infelicidade, mais ou menos assim:

-Se eu tivesse um carro automático eu seria mais feliz;
-Se a minha mulher você mais compreensiva eu seria mais feliz;
-Se meu chefe fosse um pouquinho mais bem educado meu trabalho seria mais feliz;
-Se eu tivesse aquilo, fosse aquilo outro, se minha mãe pudesse fazer isso.

Qual é o caminho para felicidade? Adoraria ter a receita, a fórmula certa ou o mapa do tesouro. Acredito firmemente que a felicidade está no caminho, nos pequeno gestos. Um conjunto de pequeno momentos felizes como, por exemplo, levar um café da manhã na cama, aparecer no meio do dia e surpreender sua cara metade com um simples botão de rosa, chegar mais cedo do trabalho para ensinar o dever de casa para o seu filho, pode fazer o seu dia, mês ou ano ser muito mais feliz.

2 – PARE DE SE AUTODEPRECIAR

O ser humano é um eterno insatisfeito. Julga ser pior que outro, ter menos talento, ou menos oportunidade.

Toda vez que você perceber que está se autodepreciando, imediatamente fale em voz alta duas qualidades que você tem.

3 – SÍNDROME DE VÍTIMA

Acontece principalmente com as mulheres pela herança de uma educação antiga herdada da mãe que, por consequência, herdou da avó. A mulher era o sexo frágil, tinha ficar em casa enquanto o homem saía para trabalhar e garantir o sustento da família.

Cuidado com determinados comportamentos:

_Eu não mereço estudar em escola pública por que é obrigação do meu pai pagar os meus estudos;

_Eu faço tudo pra você e você não tem um "pingo" de consideração por mim.

Não espere que as pessoas tenham determinados comportamentos e atitudes que você teria. Vai acabar se frustrando e se colocando como vítima na situação.

4 – PARE DE SE COMPARAR COM OS OUTROS

Ao se comparar com outro, para melhor ou pior, só irá trazer sentimentos que não contribuem para nossa evolução pessoal e profissional.

Quando se compara como melhor, traz sentimentos de superioridade, de arrogância neutralizando a humildade e a oportunidade de mais aprendizado.

Quando se compara como pior, diminui a energia, a criatividade e a capacidade de realização.

Você já é um campeão por natureza, desde a sua concepção.

Você não vai se lembrar, mas na corrida pela vida você chegou em primeiro lugar, deixando para trás mais de 350 milhões de espermatozoides.

Desses 350 milhões de espermatozoides, milhares deles desistiram, não tiveram a energia que você tem e cerca de apenas 100 tiveram para entrar no útero. Desses 100, acredite, você foi o mais forte, o mais motivado. Dentre os 100, você foi o único que perfurou o óvulo, foi o que mais acreditou que podia ser fecundado e ganhou o direito à vida!

Você é único, não existe ninguém com o seu sorriso, com o seu aperto de mão, com o seu abraço, ninguém no mundo tem a sua impressão digital.

Capital Intelectual

Então, valorize-se! Independentemente de onde você veio, se você trabalha em uma empresa pequena, ou se você não estudou o suficiente. O importante é o que você é e aonde você quer chegar!

INTRAEMPREENDEDOR

O que é ser intraempreendedor?

A definição mais simples é pensar como dono da empresa, mesmo que você seja um empregado.

O empreendedor e o intraempreendedor possuem características semelhantes: Inovação, visão de futuro, coragem, ousadia e persistência. A única diferença entre os dois é que o empreendedor investe um dos seus maiores ativos que é o capital e o intraempreendedor investe a mão de obra, a carreira.

Acredito que o maior desafio das organizações é promover a inovação na base da pirâmide, é criar uma cultura organizacional capaz de provocar mudanças nos processos internos. Não estou falando de grandes inovações como produtos de alta tecnologia ou modelos de negócios inovadores e mais lucrativos, mas em atitudes simples que podem transformar empregados intraempreendedores como, por exemplo, ao sair do escritório se preocupar em apagar todas as luzes, verificar se o computador está realmente desligado, usar menos papel na impressora, ou seja, se preocupar em reduzir ao máximo os custos fixos da empresa em que trabalha.

Acredite, as empresas estão buscando e valorizando cada vez mais os profissionais que pensam e agem como intraempreendedores.

Hoje não há mais espaço para pessoas que fazem apenas o que foram contratadas para fazer. Assumir riscos, reinventar processos otimizando o resultado e motivar os colegas, são características muito valorizadas e percebidas pelas empresas.

INTELIGÊNCIA VOLITIVA

Trabalhamos simultaneamente com os dois hemisférios do cérebro, o esquerdo é chamado de "cérebro racional" e o direito "cérebro emocional". O esquerdo é responsável pela razão, pelos pensamentos matemáticos etc, já o direito é o responsável pela criatividade, pelos sentimentos é chamado de "cérebro emocional".

Segundo P. Pacheco Eduardo, empresário, autor e pesquisador do tema "Inteligência Volitiva", uma terceira inteligência fundamental é a única capaz de contribuir com o crescimento da inteligência racional e da emocional.

Veja a definição de Inteligência Volitiva, segundo o próprio autor, Eduardo P. Pacheco:

"É perceptível a importância das inteligências racional e emocional na construção do êxito profissional e da perenidade organizacional, quando se entende que o caráter de longevidade de uma companhia se pauta no crescimento, que se fundamenta na inovação. No entanto, após onze anos dedicados ao mundo das franquias, acompanhando o desempenho de centenas de empreendedores de diferentes perfis, percebi que, embora as inteligências racional e emocional fossem fundamentais, não garantiam o sucesso ao empreendedor. Além de um QI elevado e de um comportamento que permite o exercício da liderança pelo amor – QE, uma terceira competência está presente entre os empreendedores bem-sucedidos: a inteligência volitiva – QV".

Existem três competências fundamentais que formam a Inteligência Volitiva:

1 – INCORFORMISMO

Se você está inconformado com os seus resultados e acha que pode ir muito mais além.

2 – PAIXÃO

Fazer o que gosta é uma dádiva, é fantástico. Infelizmente muitos nascem e morrem sem saber o que realmente gostam de fazer.

Se você faz o que gosta, muito bem, parabéns! Se não, o segredo é passar a gostar do que você faz!

3 – INICIATIVA

Colocar em prática. É a habilidade de realização, de tirar do papel e fazer acontecer.

Veja essa frase de John Ruskin.

O que pensamos ou o que sabemos, o que acreditamos é de pouca influência. Somente o que fazemos é capaz de gerar alguma consequência.

A única "inteligência" capaz de contribuir para ampliar é a racional e a emocional é a "INTELIGÊNCIA VOLITIVA".

Se você está INCONFORMADO com o resultado que está tendo, AMA o que faz e está buscando colocar o planejamento em ação e INICIATIVA, desenvolva a sua inteligência volitiva com automotivação e espírito empreendedor, que farão de você um profissional ou empresário de sucesso.

Capital Intelectual

16

O diferencial emergente para uma liderança de excelência

Descubra os diferentes tipos de líderes, suas características e as novas formas de liderança que podem ser aplicadas em modelos atuais de negócios

Jair Moggi

Jair Moggi

Economista e advogado. É mestre em Administração de Empresas pela Faculdade de Economia e Administração pela FEA/USP. Tem mais de 30 anos de experiência profissional. Foi professor da FEA/USP no período de 1984/1995. Atua como consultor/facilitador de empresas dos mais diferentes ramos, portes e origens em processos de planejamento estratégico, sucessão/profissionalização, transformação, ética empresarial, responsabilidade social, sustentabilidade, gestão empreendedora, inovação, liderança diferenciada, coach, conflitos e recursos humanos há 30 anos. É fundador e ex-presidente do Instituto Ecosocial (www.ecosocial.com.br) e sócio-diretor da Adigo-Consultores (www.adigo.com.br). É coautor dos seguintes livros, entre outros: O Espírito Transformador (Editora Antroposófica), Como conciliar Liderança e espiritualidade (Editora Negócios) e A Gestão do Capital Espiritual das organizações (Editora Negócios).

Contato
jmoggi@adigo.com.br

Jair Moggi

Conforme Rudolf Steiner[1], em tempos remotos, anteriores à época histórica, os seres humanos tinham uma convivência direta com os mundos suprassensíveis. A consciência humana dessa época pode ser comparada com a nossa consciência quando sonhamos. Nesse período da Terra, os contornos físicos do mundo sensorial não eram tão nítidos como o são para o homem moderno; em compensação, os seres humanos sabiam ser conduzidos e protegidos por seres de natureza espiritual. Podemos encontrar os últimos resquícios desta convivência na mitologia de todos os povos do mundo.

Mesmo na época egípcia, aproximadamente 3000 a.C., a autoconsciência era ainda bastante reduzida. Cada indivíduo sentia-se representado na identidade do Faraó. O israelita, por exemplo, sentia a sua identidade no ancestral comum, o pai Abraão por muitas gerações. Na língua egípcia antiga e no sânscrito ainda não existia a palavra EU e na língua hebraica a palavra EU era usada para designar Deus. Na época grega, o intelecto começa a despertar e o indivíduo começa a ter uma consciência maior de si mesmo. O pensar em imagens das culturas anteriores é substituído pelo pensar em conceitos; isso possibilita o nascimento da filosofia grega, a partir do século VI a.C.

Na civilização seguinte, a romana, com a tomada da consciência de si mesmo cada vez mais acentuada, cresce o egoísmo, o que faz surgir, por exemplo, o direito civil romano, que regulamenta a convivência entre as pessoas, estabelecendo direitos e deveres para limitar as consequências dos choques entre interesses individuais. A jurisprudência romana estabeleceu, entre outros, o direito da propriedade privada e a lei da herança, que tem sua validade até os dias atuais, entre outros princípios jurídicos que o mundo ocidental herdou desse período.

Com o advento do século XV, verificamos um salto na evolução da consciência humana. É um novo despertar para o mundo material; começamos a descobrir as leis da natureza. Leis objetivas, verdades, comprováveis e livres de influências espirituais, misticismo, preconceitos e superstições começam a ser reconhecidas. O ser humano começa a dominar a natureza e a sua Individualidade, o Eu se torna cada vez mais forte e livre. Com as descobertas das leis da natureza, começam as descobertas de novos continentes e tem início o comércio internacional, origem do processo de globalização atual.

Pelo exposto até aqui, podemos verificar que houve ao longo de alguns milênios um processo de afastamento dos seres humanos dos deuses, do mundo mítico, em direção à matéria terrestre. Jung chama esse fenômeno de processo de individuação que é um processo de emancipação, onde cada ser humano desperta, em grau maior ou menor, para a consciência de si. A capacidade do pensar racional ou lógico chegou ao seu auge em nosso estágio atual de desenvolvimento.

[1] RUDOLF STEINER, (1864 – 1925), FILÓSOFO, EDUCADOR E CIENTISTA AUSTRÍACO, ESTRUTURADOR DA ANTROPOSOFIA OU CIÊNCIA ESPIRITUAL. ANTROPOSOFIA SIGNIFICA SABEDORIA SOBRE O HOMEM.

A CONSCIÊNCIA RACIONAL-LÓGICA

Retomando de outra perspectiva a evolução da consciência humana até os tempos atuais, vemos que a consciência racional é baseada no pensamento linear, positivista lógico. Toda a ciência moderna é baseada na consciência racional e o materialismo é fruto desse pensar.

Se olharmos para trás na história da humanidade, veremos que o pensar racional foi uma grande conquista. Por este pensar, conseguimos nos distanciar das forças da natureza, do medo dos deuses e nos tornar seres humanos livres de superstições. Por outro lado, percebemos que a consciência racional é apenas um estágio da evolução humana, não sendo o seu ponto culminante.

Assim, o nosso pensar racional depende dos estímulos do mundo sensorial para ser ativado; por exemplo, se tenho uma percepção olhando um objeto fora de mim, essa percepção imprime em mim uma imagem. Se eu já tiver uma experiência anterior com esse objeto, eu aplico a este objeto um conceito meu, por minha memória.

No mesmo instante em que conceituo o objeto visualizado, o meu sentir é ativado e atribuo um adjetivo ao objeto: "É uma casa grande". Com isso, expresso a minha relação com o objeto em forma de simpatia ou antipatia. Ou seja, andamos pelo mundo influenciados pela ditadura da simpatia ou da antipatia que vive em nosso interior.

Percebe-se então que o pensar lógico-racional depende de observações do mundo exterior ou de memórias para ser ativado. Dessa forma, a pessoa se limita apenas ao mundo dos sentidos (conhecimento material), vivendo no âmbito de um mundo limitado, comum, normal.

A consequência é que o nosso pensar está acorrentado à matéria física. Com o nosso pensar racional, nunca podemos transpor os limites do mundo físico onde estamos presos em nossa "Jaula Existencial". Para sair desse paradigma precisamos adquirir outra maneira de pensar.

A CONSCIÊNCIA INCLUSIVA

A consciência inclusiva é um estágio de consciência mais avançado, com ela podemos colocar um problema em seu contexto amplo. Com essa consciência, um problema é analisado de diversos pontos de vista antes de ser atacado, como: quais os impactos de uma decisão empresarial nos processos operacionais, nas relações das pessoas envolvidas e seus efeitos no nível econômico, social...

A SITUAÇÃO DO SER HUMANO MODERNO

As consequências externas desse processo de evolução até a

consciência racional-lógica nos levaram aos seguintes fenômenos:

1. Emancipação da mulher como indivíduo livre, que não aceita mais o papel e a posição que lhe foram dados dado pelo sistema patriarcal ao longo de muitos milênios. Disso resultam as muitas dificuldades e conflitos de relacionamento entre homem e mulher, provocando divórcios e separações;

2. Um novo estilo de relacionamento homem-mulher, comum em países do primeiro mundo, que começa a tornar-se comum entre nós. Nele, cada um vive sozinho numa moradia e se encontra com pessoas quando tiver disponibilidade para isso (em inglês: single life);

3. Total rejeição de qualquer tipo de autoridade imposta. Isso é muito perceptível nas organizações onde há predominância de indivíduos representantes da geração "X", pessoas nascidas antes de 1970 e da geração Y, pessoas nascidas após 1980;

O que enumeramos são fenômenos externos que qualquer observador pode perceber; mas olhando um pouco mais a alma do ser humano, podemos constatar duas forças básicas que ganharam uma dimensão incontrolável com a evolução para a consciência racional-lógica, que são o egoísmo e o medo.

O EGOÍSMO E O MEDO

O nosso Eu recém-emancipado é frágil e depende de constante autoafirmação e autoestima. Qualquer situação ou ocasião é por nós utilizada para reforçar esses dois aspectos, o que nos torna egocêntricos e egoístas. Achamos desnecessário dar aqui exemplos do mundo competitivo em que vivemos nas organizações e na sociedade como um todo.

No que se refere à alma humana, o medo é o sentimento que nos acompanha, do momento do acordar até a hora de dormir e, muitas vezes, ainda nos persegue à noite em nossos sonhos. Temos medo de ser assaltados, de não ser amados, do desconhecido, do fracasso, do risco de perder o emprego, da mudança, da velhice, do futuro, da perda, da morte, da insegurança, de perder a referência ou a cara, da incerteza etc.

Juntando esses aspectos internos, inerentes à alma humana, com os aspectos externos, descritos no capítulo anterior, podemos chegar à conclusão de que a situação do homem moderno e consciente não é nada confortável. Para dentro, o constante confronto com o egoísmo, o medo, as dúvidas existenciais, e muitas vezes um vazio na alma e, para fora os fenômenos da poluição, da extinção e da luta pela sobrevivência.

É fácil concluir que por trás de toda esta problemática encontra-se o paradigma materialista que nos encurralou numa "jaula existencial", não oferecendo nem respostas, nem soluções, muito menos perspectivas para um futuro promissor da evolução da humanidade.

A "JAULA EXISTENCIAL DO SER HUMANO" ATUAL

Em decorrência desse pensamento racional, científico, positivista estamos confinados dentro de um espaço de consciência delimitado, que chamaremos daqui para frente de jaula existencial delimitada.

A nossa consciência atual baseada no raciocínio lógico busca a sua fundamentação no reino mineral, nas leis da física e da química inorgânica e orgânica. Enfim, naquilo que pode ser medido e pesado.

No momento que penetramos no reino vegetal já sentimos uma séria limitação, pois conseguimos captar desse reino apenas os aspectos pertencentes às leis do reino mineral. No momento que queremos definir o que faz e porque germina uma semente, como e por que uma semente contém uma árvore que contém uma semente e assim por diante ou o que é a vida, sentimos um desconforto interior quando temos que recorrer às explicações científicas.

Esse desconforto aumenta quando queremos explicar a vida de um animal pela ciência. Começa quando, para ver como ele funciona, somos obrigados a matá-lo para poder olhá-lo.

Pela nossa consciência materialista, muitos ainda se contentam com a explicação de que o mundo começou com o "Big Bang" e termina com a morte no calor, quando num ponto do futuro o nosso Sol engolir a Terra.

O mesmo acontece com a nossa existência individual. Pela consciência racional, a nossa existência tem início com o ser humano no ventre materno e acaba no nada com a morte.

COMO ULTRAPASSAR OS LIMIARES DA NOSSA "JAULA EXISTENCIAL?"

Como vimos, o pensar racional-lógico já atingiu o seu auge e nos enclausurou em nossa "Jaula existencial", a princípio intransponível, mas que pode ser rompida a partir dos conceitos que iremos explorar mais à frente.

Vimos também que algumas pessoas já vivem a realidade de um Pensar ou de uma Consciência Inclusiva ou Holística, mas que esse pensar inclusivo ainda é uma metamorfose do pensar racional-lógico.

O conhecimento Antroposófico nos ensina que é possível desenvolver um pensar novo independente do cerebral e dos fatos externos que nos leva além do pensar racional-lógico e do pensar inclusivo. Também ensina que esses estágios de consciência futura, só serão desenvolvidos se tivermos trabalhado ao máximo a nossa capacidade racional-lógica. Rudolf Steiner caracteriza os três futuros

graus de evolução da consciência em:
- A consciência Imaginativa;
- A consciência Inspirativa;
- A consciência Intuitiva,

Essas três características do pensar do futuro, que libertará o nosso pensar cerebral da influência do mundo físico externo e fará parte do Capital Espiritual individual e coletivo da humanidade futura é chamado por Rudolf Steiner de: O pensar do Coração.

O PENSAR DO CORAÇÃO E O PENSAR LINEAR-CEREBRAL

Uma característica dos novos estágios do pensar é que no estágio de consciência atual, só conseguimos ter um pensamento após o outro.

O pensar do coração, no futuro, incorporará outra qualidade ao nosso pensar que é a de pensarmos em círculos, ou de termos a capacidade de sobrepor pensamentos com consciência. Podemos dizer que nesse tipo de pensamento os fatos estão ao redor do Eu em círculos e não linearmente, tendo o Eu então a possibilidade de, num relance, percebê-los e formular juízos a partir disso.

O Pensar do Coração

Para o entendimento adequado dos conceitos que virão a seguir, é importante destacar que o pensar do coração não é colocar as emoções no pensamento ou na ação.

Como sabemos, o processo de desenvolvimento não é homogêneo. Em qualquer cultura ou situação existem seres humanos que se antecipam aos outros. São os adiantados da classe, são pessoas que demonstram essas qualidades do pensar do futuro, não seguem a massa. Falamos dos grandes gênios da humanidade, tanto na esfera política, militar, científica, religiosa ou artística, reconhecidos como gênios ou lideranças carismáticas.

Em nosso dia a dia também existem pessoas que são como os alunos avançados da classe dos seres humanos no desenvolvimento da consciência. São pessoas que fazem a passagem dos limiares da "Jaula Existencial" de forma consciente. Ou, melhor dizendo, muitas pessoas do nosso tempo podem desenvolver essas características que as colocarão num novo referencial de liderança, o que chamamos de liderança espiritualizada. O pensar do Coração, através de uma liderança diferenciada ou espiritualizada, pode ser desenvolvido de forma prática nas dimensões das consciências imaginativa, inspirativa e intuitiva.

A CONSCIÊNCIA IMAGINATIVA

Alcançando a consciência imaginativa, a nossa atividade pensante será aumentada em intensidade e amplitude. Teremos rompido o limite do mundo sensorial, tendo percepções suprassensíveis conscientes.

Quando adormecemos, passamos pela esfera dos sonhos. Com a consciência imaginativa, encontramo-nos na mesma esfera de quem sonha, porém mais acordados do que na consciência diurna. Ao entrarmos na consciência imaginativa, temos a sensação de acordar outra vez, dentro da consciência de vigília comum.

Na consciência imaginativa estamos mais acima da consciência diurna como esta se encontra acima da consciência do sonho, apesar das duas se encontrarem na mesma esfera: A esfera dos pensamentos universais.

A CONSCIÊNCIA INSPIRATIVA

No estágio da consciência inspirativa entramos na esfera da palavra universal. É a mesma esfera na qual nos encontramos quando dormimos (sem sonhos). Podemos dizer que o ser humano desperta pela terceira vez dentro da consciência de vigília.

A vivência na esfera da palavra universal é descrita pelas diversas tradições da música das esferas, por isso o termo: inspiração ou consciência inspirativa. É nessa esfera que nos encontramos todas as noites quando dormimos.

A CONSCIÊNCIA INTUITIVA

Com a consciência intuitiva, a nossa consciência se expande até a esfera mais elevada que é possível ao ser humano chegar com a sua constituição atual. Nesse espaço entramos na esfera dos seres universais.

Agora completamos o nosso raciocínio e verificamos como a consciência intuitiva encontra-se tanto acima da consciência diurna, como esta última se encontra acima da consciência de sono profundo ou morte.

Mais detalhes, incluindo exercícios práticos desses estágios futuros de consciência que nos levarão ao conceito de Capital Espiritual das Organizações, que transcende o conceito de Capital Intelectual, já estão disponíveis aos seres humanos de nossa época e podem ser vistos nos meus livros: *Como Integrar Liderança e Espiritualidade e A Gestão do Capital Espiritual das Organizações*, ambos editados pela Editora Negócios ou disponibilizados em forma digital pela Amazon.

17

Capital intelectual: o principal ativo de uma empresa familiar

Acionistas, gestores e sucessores de empresas familiares precisam dar muita atenção ao trato do seu capital intelectual, pois ele é um ativo que cria o seu grande diferencial competitivo

José Carlos Fonseca Ferreira

José Carlos Fonseca Ferreira

Formado em engenharia pela Northwestern University nos Estados Unidos e em administração de empresas pela ESAN em São Paulo. Possui um MBA em Gestão do Conhecimento pela Universidade Federal do Rio de Janeiro. É Consultor Certificado pela ISPA – International Succession Planning Association. Faz parte do Conselho Diretor da ABRH SP, da SOBRATT - Sociedade Brasileira de Teletrabalho e Teleatividades, do CETEL - Centro de Estudos de Teletrabalho e Alternativas de Trabalho Flexível da BSP - Business School São Paulo da Universidade Anhembi Morumbi e da ABQV - Associação Brasileira de Qualidade de Vida. Iniciou sua carreira profissional na Ford do Brasil nas áreas de comunicação e vendas. Foi fundador e presidente durante 15 anos da empresa de consultoria AAB, cujos principais clientes atendidos por mais de 5 anos foram Alcoa, American Express, Banco do Brasil, Casas Pernambucanas, Embratur, GNTO – Greek National Tourist Organization, Grupo Villares, Grupo Votorantin, Johnson & Johnson, Pfizer, Shell, Varig e Volkswagen. A AAB foi comprada pela Ogilvy & Mather Worldwide. Trabalhou durante oito anos na Ogilvy, os últimos cinco como Presidente para a América Latina da Ogilvy Direct Marketing. Atualmente é Presidente da RMV Consultores Associados, especializada em consultoria de planejamento estratégico, marketing e vendas, Presidente da RMV Sucessão, especializada em consultoria para empresas familiares e da Kheiron Treinamento Gerencial Cavalo Assistido.

Contatos
jocaff@uol.com.br
(11) 3666-9506

José Carlos Fonseca Ferreira

Antes de lerem este capítulo, façam duas experiências na internet. Primeiro coloquem no Google essas duas palavras *knowledge management*. Segundo, coloquem outras duas palavras – intellectual capital. Você vai encontrar para "KM", 422 milhões de resultados e para "IC", 30 milhões de resultados.

Ou seja. Esses gigantescos números comprovam que "KM" e "IC" são dois assuntos significativos na administração empresarial da atualidade, sendo importante lembrar que as duas disciplinas, *"Knowledge Management"* e "Intellectual Capital", estão totalmente interligadas.

Em recente livro, publicado em 2011, "The Complete Guide to *Knowledge Management* – A Strategic Plan to Leverage Your Company Intellectual Capital", os autores Edna Pasher (consultora norte-americana) e Tuvya Ronen (diretor de uma empresa aeroespacial de Israel) definem: "Intellectual Capital é um ativo intangível que combina o conhecimento de uma organização como um todo – o conhecimento que os dirigentes e funcionários possuem (capital humano) com o conjunto de processos de trabalho estabelecidos na empresa e o conhecimento dos clientes (capital estrutural). *Knowledge Management*, por sua vez, é uma ferramenta para aumentar o ativo intangível do "Capital Intelectual" de uma empresa, o que por sua vez, assegura o sucesso dos ativos tangíveis. O comprometimento de uma empresa com metas de Capital Intelectual é uma importante revolução que precisa ser adotada por empresários que objetivam o sucesso de suas organizações."

Em fins da década de 90, quando senti o crescimento desses dois assuntos, resolvi enfrentar as 400 horas necessárias, três noites por semana, para fazer um MBA em "Knowledge Management" (Gestão do Conhecimento em português), ministrado pela Universidade Federal do Rio de Janeiro, com a coordenação do meu amigo, emérito professor Marcos Cavalcanti, diretor do Centro de Referência em Inteligência Empresarial da COPPE/UFRJ. Valeu cada dia do meu sacrifício noturno, pois foi uma excelente complementação profissional para a minha formação em engenharia e administração de empresas.

No curso, entre os livros utilizados, o que mais me impressionou, foi "The Knowledge-Creating Company – How Japanese Companies Create the Dynamics of Innovation", escrito por Ikujiro Nonaka e Hirotaka Takeuchi. No entender de Nonaka e Takeuchi, as empresas japonesas têm sucesso devido as suas habilidades e competências na "criação do conhecimento organizacional". O livro, que recomendo de coração, para acionistas, gestores e sucessores de empresas familiares já está publicado em português pela Editora Campus – "Criação de Conhecimento na Empresa – Como as Empresas Japonesas Geram a Dinâmica da Inovação".

Capital Intelectual

No prefácio de seu livro "If Only We Knew What We Know" (Se Apenas Nós Soubéssemos o que Nós Sabemos), minha amiga Carla O'Dell, CEO da APQC – The American Productivity and Quality Center sediado em Houston, Texas, faz uma interessante citação do escritor britânico Sir Arthur Charles Clarke: "Os homens da caverna congelavam-se e morriam, deitados em cima de uma mina de carvão. O carvão estava bem debaixo deles, mas eles não conseguiam vê-lo, minerá-lo ou utilizá-lo. Esse é um caso claro de que o que você desconhece pode e irá prejudicar você. E isso está acontecendo de novo na década de 1990. Só que, dessa vez não é com minas de carvão, mas com "minas de conhecimento" – reservas escondidas de inteligência que existem em todas as empresas e que não são mineradas e não são trabalhadas".

Um dos grandes historiadores da área de "Capital Intelectual" é Nick Bontis, professor da Groote School of Business da McMaster University, localizada na cidade de Hamilton, na província de Ontário no Canadá, 60 quilômetros ao sul de Toronto.

Segundo o Professor Bontis, os primórdios do conceito de "Capital Intelectual" aconteceram quando Norris Kronfeld e Arthur Rock escreveram sobre o assunto em um artigo publicado na edição de novembro de 1958 da revista "The Analyst's Journal".

Bontis diz também que Peter Drucker, em 1966, em seu livro "The Effective Executive" (publicado no Brasil com o título "O Gestor Eficaz"), entrou pesado na área de "Knowledge Management" e "Intellectual Capital", enfatizando que os ativos mais valiosos da empresa do século 21 seriam o conhecimento e os trabalhadores do conhecimento. Ele definiu que o conhecimento transformou-se no alicerce mais importante do sucesso empresarial e que os trabalhadores do conhecimento de uma empresa é que farão as contribuições que possibilitarão às empresas obterem excelência em resultados.

Mas, segundo Nick Bontis, foi o economista, filósofo e escritor estado-unidense, John Kenneth Galbraith, quem realmente introduziu o conceito de "Capital Intelectual" ao mundo acadêmico e empresarial.

Em vários capítulos do meu livro, "Empresa Familiar – Como Aumentar o Valor de Uma Empresa Utilizando os 10 Pilares Mestres de um Plano de Sucessão", falo sobre a importância do "Capital Intelectual" na empresa familiar, criado através dos erros e acertos do fundador, através das contribuições que outras gerações de sucessores foram adicionando ao longo dos anos e das inovações que foram introduzidas por colaboradores da empresa.

Em 1998, Thomas Davenport e Laurence Prusak, em seu bestseller "Working Knowledge: How Organisations Manage What They Know" dizem: "Os trabalhadores do conhecimento vão ser a principal força

José Carlos Fonseca Ferreira

determinante de quais empresas terão sucesso e quais não terão. Eles serão a fonte de crescimento na maioria das organizações. Novos produtos e serviços, novos caminhos para o marketing, novos modelos de negócios acontecem através dos trabalhadores do conhecimento. Por essa razão, eu recomendo que gestores que querem que sua empresa cresça, tenham certeza de que os seus trabalhadores do conhecimento estão sendo bem tratados".

Mais uma vez cito Carla O"Dell que, em coautoria com Cindy Hubert, em seu livro "The New Edge in Knowledge – How Knowledge Management is Changing the Way We do Business", definem os cinco princípios básicos para uma estratégia de gestão do conhecimento em uma empresa, a saber: 1. A estratégia de KM é baseada no balanceamento de pessoas, processos e tecnologia; 2. A estratégia de KM contribui para o atingimento das metas da empresa; 3. A estratégia de KM precisa identificar o *timing* correto das coisas serem feitas; 4. A estratégia de KM precisa incentivar a colaboração entre todas as pessoas e todos os departamentos da empresa; 5. A estratégia de KM, se estiver correta, mostrará resultados.

Mas, para mim, o salto quântico do "Capital Intelectual" nas empresas foi dado em 3 de junho de 1991. Nesse dia, a Revista Fortune publicou uma matéria de capa, escrita por Thomas A. Stewart e Sandra L. Kirsch: "Brainpower – Intellectual Capital is Becoming Corporate America's Most Valuable Asset and Can Be its Sharpest Competitive Weapon. The Challenge is to Find what You Have and Use It". Essa matéria, com cerca de 15 páginas, e várias entrevistas com executivos de empresas de todos os portes, teve grande impacto junto aos quatro milhões de leitores da revista, quase dois milhões dos quais profissionais de empresas. A partir dessa publicação, pode-se dizer que o mundo descobriu o "Capital Intelectual".

Quase todos os livros que relatam a evolução dos conceitos de "Capital Intelectual" apresentam o case de Leif Edvinsson, o primeiro profissional do mundo a ser nomeado diretor de "Capital Intelectual" de uma empresa, a Skandia, em Estocolmo, na Suécia, que pertencia ao Banco Central da Áustria. Em 2003, a empresa, com total pioneirismo, publicou o seu primeiro relatório de "Capital Intelectual". Hoje a Skandia não pertence mais ao Banco Central da Áustria, mas o banco continua publicando um relatório anual de "Capital Intelectual". Você pode fazer, totalmente grátis, um formidável curso sobre o assunto, acessando todos os relatórios de "Capital Intelectual" publicados pelo banco através do site www.oenb.at/en/presse_pub/period_pub/unternehmen/geschaeftsbericht/geschaeftsbericht.jsp.

Segundo Thomas A. Stewart, em seu livro "Intellectual Capital –

Capital Intelectual

The New Wealth of Organizations", a informação e o conhecimento são as armas competitivas termonucleares do nosso tempo. O conhecimento é mais valioso e mais poderoso do que recursos naturais, grandes fábricas ou gordas contas no banco. Em todas as indústrias ou empresas de prestação de serviços, o sucesso acontece nas empresas que tem as melhores informações – não necessariamente nas empresas com maior poderio. O Walmart, a Microsoft e a Toyota não tornaram-se grandes empresas por que elas eram mais ricas que a Sears, a IBM ou a General Motors. Isso aconteceu por que elas tinham algo muito mais valioso do que ativos físicos ou financeiros. Elas tinham "Capital Intelectual".

Como consultor de empresas familiares, quando eu sento com os acionistas, gestores e sucessores de meus clientes para determinar o valor do "Capital Intelectual" das suas empresas, trabalho em cima de uma planilha desenvolvida por Annie Brooking, consultora especializada em "Capital Intelectual" e autora do livro "Intellectual Capital – Core Asset for the Third Millenium Enterprise". Em sua planilha, ela divide o "Capital Intelectual" em 4 tipos de ativos, a saber:

1. Ativos de Mercado: são as marcas, os clientes e a sua lealdade, os negócios recorrentes, o *backlog*, os canais de distribuição e os vários contratos e acordos tais como licenciamentos, franquias etc.;

2. Ativos Humanos: são os benefícios que os indivíduos podem proporcionar para as organizações por meio de sua *expertise*, criatividade, conhecimento, habilidade para resolver problemas, tudo visto de forma coletiva e dinâmica;

3. Ativos de Propriedade Intelectual: são os ativos que necessitam de proteção legal para proporcionarem às organizações benefícios, tais como *know-how*, segredos industriais, *copyrights* e patentes;

4. Ativos de Infraestrutura: são compostos pela cultura da empresa, pelos sistemas de informação, pelos métodos gerenciais e pelo banco de dados de clientes.

Rosa Nelly Trevinyo-Rodriguez, do Instituto Tecnológico y de Estudios Superiores de Monterrey, no México, em parceria com o já citado Nick Bontis, publicaram em 2007 um interessante estudo no "Journal of Information & Knowledge Management", intitulado "The Role of Intellectual Capital in Mexican Family-Based Businesses: Understanding Their Soul, Brain and Heart". Nesse estudo, definem "Capital Intelectual" como sendo "a soma de ativos intangíveis, quantitativos e qualitativos, que afetam a performance de uma empresa. Sugerem uma metáfora para diagnosticar os ativos qualitativos intangíveis de uma empresa familiar – a alma da empresa (capital humano), o cérebro da empresa (capital estrutural) e o coração

José Carlos Fonseca Ferreira

da empresa (capital relacional)".

Resumo dessa minha ópera. Acionistas, gestores e sucessores de empresas familiares precisam dar uma grande atenção para o "Capital Intelectual" em suas organizações. Precisam procurar transformar os conhecimentos tácitos que existem na empresa em conhecimentos explícitos, para que possam ser utilizados no dia a dia operacional da empresa. Precisam administrá-lo estrategicamente, assegurando que ele seja permanentemente disseminado por toda a organização, pois ele é, sem qualquer sombra de dúvida, **o principal ativo de uma empresa familiar.**

Referências

BROOKING, Annie. *Intellectual Capital: Core Asset for the Third Millennium.* Cengage Learning. 1996.

DAVENPORT, Thomas; Prusak, Laurence. *Working Knowledge: How Organisations Manage What They Know.* Harvard Business School Press. 1998.

DRUCKER, Peter. *O Gestor Eficaz.* LTC Editora. 2011.

EDVINSSON, Leif. *Longitude Corporativa: Navegando pela Economia do Conhecimento.* M.Books. 2003.

FERREIRA, José Carlos Fonseca. *Empresa Familiar - Como Aumentar o Valor de uma Empresa Utilizando os 10 Pilares Mestres de um Plano de Sucessão.* Gráfica Bandeirantes. 2010.

NONAKA, Ikujiro; Takeuchi, Hirotaka. *Criação de Conhecimento na Empresa: Como as Empresas Japonesas Geram a Dinâmica da Inovação.* Editora Campus. 2008.

O'DELL, Carla; Grayson, C. Jackson. *If Only We Knew What We Know.* The Free Press. 1998.

O'DELL, Carla; Hubert, Cindy. *The New Edge in Knowledge: How Knowledge Management is Changing the Way We do Business.* John Wiley & Sons. 2011.

PASHER, Edna; Ronen, Tuvya. *The Complete Guide to Knowledge Management: A Strategic Plan to Leverage Your Company Intellectual Capital.* John Wiley & Sons. 2011.

STEWART, Thomas A. *Intellectual Capital: The New Wealth of Organizations.* Currency Book. 1999.

TREVINYO-RODRIGUEZ, Rosa Nelly; Bontis, Nick - *Journal of Information & Knowledge Management*, Vol. 6, No. 3 (2007) 189–200.

Capital Intelectual

18

Capital Intelectual e o Jovem Brasileiro – Traduzindo conhecimento em resultados

Este artigo apresenta investigações em torno do Capital Intelectual, considerando, principalmente uma de suas subdivisões: o Capital Humano. O principal objetivo é apontar questões relacionadas ao investimento desse modelo de gerenciamento a jovens profissionais do mercado de trabalho, apresentando conceitos para multiplicar esse padrão nas empresas

Kátia Brunetti

Kátia Brunetti

Proprietária da Idiomas e Traduções Anália Franco, atua há 15 anos como professora de idiomas e literatura (inglês/português/espanhol). Graduada no curso de Tradutor/Intérprete, realiza trabalhos de tradução, interpretação, transcrição e revisão nas áreas de Administração, Autoajuda, Comércio Exterior, Esoterismo, História, Hotelaria, Jornalismo, Marketing, Nutrição, Pedagogia, Psicologia, Relações Internacionais e Turismo. Reconhecida como especialista em treinamento e desenvolvimento de professores, consultora de idiomas e pedagoga empresarial, desenvolve um trabalho inspirador e eficaz focado em resultados, comprometimento e produtividade. Criou o programa Teen Today, um preparatório para adolescentes e jovens adultos para o mercado de trabalho, envolvendo técnicas de coaching, mapas mentais, oratória, memorização, orientação vocacional e plano de carreira. Como palestrante e escritora atua nas áreas de PNL, Neurociência, Pedagogia Empresarial, Terapias Holísticas, Liderança, Motivação e Coaching.

Contatos
contato@itanaliafranco.com.br
(11) 2671-6971

Kátia Brunetti

Obtive o primeiro contato com o tema Capital Intelectual em um seminário que abordava novas ideias e conceitos sobre gestão empresarial. Este artigo é fruto de estudos e pesquisas sobre a prática dessa filosofia administrativa. Administrar hoje no Brasil requer capacidade de atuar sobre competitividade, habilidade de criar e inovar, possuir conhecimentos sobre economia, tecnologia e gestão de pessoas. Na perspectiva de administradora, defino o Capital Intelectual como um segredo importante e estratégico de excelência das empresas, uma porta para agregar valores, otimizar resultados e obter grandes êxitos nos negócios.

O que é Capital Intelectual?

O Capital Intelectual é definido como a soma de conhecimentos coletivos e intangíveis de uma empresa. É um poderoso instrumento que estimula renovação e desenvolvimento e, consequentemente, proporciona benefícios e vantagem competitiva.

O Capital Intelectual é subdividido em:

• **Capital Humano** – qualificações, habilidades, criatividade e conhecimento dos colaboradores de uma empresa.

• **Capital Estrutural** – parte pertencente às empresas como banco de dados, manuais, sistemas, processos e laboratórios de pesquisa.

• **Capital Relacional** – relacionamento com os clientes, conhecimento do perfil e de necessidades para atraí-los e mantê-los, lealdade em relação à marca.

O Capital Intelectual corresponde ao conjunto de conhecimentos e informações da empresa que agrega valor ao produto/serviço mediante a aplicação da inteligência e não do capital monetário. Definir, explicar e aplicar o conceito do Capital Intelectual tem sido uma nova tendência de estudos de muitos administradores, economistas e investidores. Nas últimas décadas ocorreram grandes e rápidas mudanças na sociedade, na tecnologia, na informática e no setor de comunicação. A era da gestão do Capital Intelectual vem buscando atrair e perseverar o conhecimento por meio da criatividade. Um dos fatores importantes que comprovam a essência do Capital Intelectual é a mudança de foco do capital tangível para intangível. A partir desse conceito, conhecimento, informação e propriedade cultural são utilizados para gerar riqueza.

Capital Intelectual

O que é Capital Humano?

Conjunto de conhecimentos e competências dos funcionários aplicados ao campo educacional. A ideia principal do desenvolvimento do Capital Humano é investir nos colaboradores da empresa com recursos e ferramentas que aumentarão sua capacidade de inovação, criatividade, experiência, habilidade de trabalho em equipe e motivação. É considerada por muitos líderes a fonte de inovação e renovação da empresa.

O perfil do líder e o Capital Intelectual

O cenário atual de crescimento da competitividade levaram algumas empresas a refletir sobre estratégias inovadoras e a criar cargos para gerenciar o Capital Intelectual da organização. Esses profissionais são responsáveis por identificar conhecimentos, os desenvolver e organizar recursos internos tais como: intranet, banco de dados, softwares, cursos, palestras, treinamentos. São capazes de adotar perspectivas bem estruturadas, prever oportunidades, criar visão compartilhada, desenvolver pessoas, construir equipes de alta performance e conquistar vantagens. Um verdadeiro líder tem a percepção e a visão de selecionar e treinar funcionários da organização. A liderança consiste em criar condições com conhecimento, habilidade, atitude e motivação que ajudem os talentos humanos a encontrar os seus próprios caminhos.

Valorização do Conhecimento - o grande diferencial

As empresas vivem hoje uma etapa da história econômica e social baseada no conhecimento. Algumas empresas investem na ampliação do Capital Intelectual de seus funcionários porque acreditam que o processo de crescimento e evolução organizacional está diretamente vinculado ao desenvolvimento do intelecto das pessoas. O potencial humano é o agente de transformação. O principal valor dessa transformação é investir no desenvolvimento humano, gerando assim, maior eficiência operacional, condicionamento estratégico, representação positiva no mercado, qualidade de vida dos funcionários e resultados econômicos e financeiros.

Materialização do conhecimento - investindo em jovens talentos

As empresas não buscam apenas pessoas para compor suas equipes, buscam profissionais com talento que fazem a diferença nos negócios. Profissionais com experiência, capacidade de desenvolver e crescer dentro da organização. A Educação é um importante investimento de Capital Intelectual. Hoje em dia muitas organizações incentivam o crescimento profissional do trabalhador elevando seu nível educacional.

A captação de talentos tornou-se uma premissa para as empresas que desejam garantir espaço no mercado. Dentro desse contexto, contratam profissionais que estão trilhando os primeiro passos da carreira por meio de programas especializados. Na década de 90 começou uma maior preocupação com a incorporação de jovens no mercado de trabalho. Foi o momento em que surgiram novas iniciativas com o intuito de captar jovens talentosos com grande potencial para atender as necessidades corporativas e agregar valor a elas. Investir em um jovem de talento com espírito criativo e inovador é uma grande oportunidade de desenvolvimento para a empresa. Uma combinação única considerada um forte condutor de desempenho empresarial.

Empresas investem neste diferencial de sucesso

Algumas empresas têm como diretriz estratégica formar a melhor equipe. Atração, desenvolvimento e retenção de jovens talentos é parte integrante dessa estratégia. Elas possuem programas voltados ao público jovem visando dar-lhes a oportunidade de construir uma carreira de sucesso. Há um número cada vez mais elevado de movimentos e iniciativas de inserção dos jovens no mercado. Para avançar sobre essa questão, foram analisadas algumas empresas já engajadas nesses projetos. Observações feitas permitem afirmar que o mercado está se modificando e que o mercado intelectual está adquirindo novos contornos. Essas empresas assumem compromissos e responsabilidades que vão muito mais além do enfoque financeiro, agregando valores empresariais, culturais e sociais.

De acordo com estimativas que mensuram o Capital Intelectual de grandes organizações, garantem que empresas que investem em jovens talentos possuem melhor alinhamento da gestão do conhecimento, melhor foco na gestão de recursos de conhecimento, melhoria das comunicações com as partes interessadas e uma visão mais profunda de fontes de valor corporativo.

Uma empresa de grande porte na área química, por exemplo, oferece um programa que contribui de maneira sólida e objetiva no desenvolvimento de seus estagiários. Desenvolveu um programa específico de contratação que ocorre duas vezes ao ano. Contém bolsa-auxílio e benefícios diferenciados tais como assistência médica, vale-transporte e vale-refeição. A empresa garante que com o investimento dado a seus profissionais obtém retorno rápido e

Capital Intelectual

duradouro. Cabe destacar que muitos dos ex-trainees estão hoje em posição de liderança na empresa.

Na área da educação, vemos também a inserção de jovens talentos, professores com menos de 30 anos lecionando em universidades. Apesar da pouca idade, muitos já concluíram cursos de Mestrado e Doutorado e iniciaram suas carreiras como pesquisadores ou professores substitutos da faculdade e participação de projetos para jovens professores cujo objetivo principal é atualizar o nível de conhecimento, ensinar novas técnicas e métodos, criar vínculos acadêmicos e complementar a formação científica.

Um hipermercado considerado uma das maiores redes de varejo do mundo, registra quase 3% de seus colaboradores engajados em projetos de jovens aprendizes. Segundo seu RH, criam condições necessárias para uma equipe feliz e dedicada com foco em excelência no atendimento. A empresa possui uma variada gama de cursos, workshops e palestras explorando a metodologia prática, projetada ao dia a dia de seus funcionários.

Um famoso banco brasileiro possui um programa diferenciado de inclusão de jovens talentos. A iniciativa já conta com 79.000 candidatos concursados e 12.000 estagiários. Estudantes do Ensino Médio e Superior formam a equipe de evolução e crescimento da empresa.

Uma universidade considerada uma das maiores escolas de comunicação e administração do país possui parceria com empresas que são referência no mercado oferecendo aos alunos diversos programas nas áreas técnicas e educacionais. Eles acreditam no poder transformador de seus jovens alunos capazes de realizar e multiplicar conhecimento. Oferecem também oportunidades de intercâmbio, para viver e trabalhar no exterior e assim conhecerem e vivenciarem as peculiaridades de diferentes mercados.

Programas e treinamentos para desenvolver e valorizar jovens talentos

A questão educação tem importância central quando se trata de mercado de trabalho. A qualificação dos colaboradores e funcionários envolve não somente profissionais que ocupam a diretoria, gerência e supervisão. Existem programas elaborados para todos os cargos e funções e devem estar presente nas pequenas, médias e grandes empresas. Valorizar a educação corporativa é um poderoso investimento, resultando em maior profissionalismo e progresso. Empresas que desenvolvem seus funcionários têm mais probabilidade de atrair e reter talentos, melhorar desempenho, funcionários mais saudáveis e motivados e reforço de fidelidade profissional. É necessário reunir esforços teóricos e práticos para conceber uma estratégia mais abrangente. As tecnologias disponíveis e utilizadas nos treinamentos (multimídia, e-learning, internet, videoconferência) são características dos jovens que vivem/nasceram na era da informação. Esses recursos os ajudam a transformar conhecimento em resultados.

Programa de trainees e estágios – processos extensos e rigorosos que avaliam o relacionamento interpessoal, poder de persuasão, conhecimentos gerais, iniciativa e liderança. Esse programa estabelece uma relação de crescimento entre a empresa e o profissional. De um lado o jovem tem acesso à formação, capacitação e experiência. Do outro, a empresa ganha um profissional de alto nível. A cota de aprendizes está fixada entre 5% e 15% por empresa, número calculado de acordo com o total de empregados.

Universidade corporativa - trabalho e aprendizagem caminham juntos. A Universidade corporativa é um processo centralizado de soluções de aprendizagem para todos os cargos, funções da empresa. Visa privilegiar o aprendizado organizacional fortalecendo cultura e conhecimentos para a equipe, interna e externa, funcionários, clientes, consumidores e fornecedores.

T&D (Treinamento e Desenvolvimento) - tão importante quanto identificar talentos é investir neles. Os métodos de capacitação técnico e prático são hoje um importante investimento no Capital Intelectual. O objetivo principal de desenvolvimento por treinamentos resulta em um melhor desempenho dos funcionários privilegiando a todos da organização. Muitas vezes é constituído por uma jornada de cursos, palestras e workshops visando uma aprendizagem eficiente, dinâmica, sistêmica e desenvolvimento de competências essenciais foco, visão, disciplina, motivação e engajamento.

Coaching – processo responsável por aumentar o nível de resultados positivos de um indivíduo, equipe e empresa. Tem sido incorporado aos programas de trainee de diversas empresas brasileiras que se dedicam a treinar jovens talentos desde cedo com intuito de formar futuros líderes. Um acompanhamento que visa acelerar amadurecimento emocional e profissional ajuda os novos empregados a reconhecerem seus potenciais e entenderem seus papéis na organização, passando a encarar desafios com maior segurança.

Capital Intelectual

Mentoring – processo responsável por gerar um clima de aprendizado contínuo. Um mentor é um funcionário experiente que prepara os jovens funcionários por meio de treinamento e aconselhamento, demonstrando, orientando e facilitando o desempenho desejado. Preparar os jovens que chegam ao mercado de trabalho e integrá-los à cultura e à equipe é uma das grandes vantagens para o sucesso da empresa.

O valor do intangível

A contratação de jovens talentos é vista como uma chave de investimento e resultados no Capital Intelectual da empresa. Em uma visão global o valor intangível deste investimento vai muito mais além. Representa reforço da expressão e integração com diversas personalidades, valores e culturas, oportunidade de convivência, crescimento e construção em equipe. Um exemplo de cidadania, investindo no desenvolvimento de valores humanos.

Identificar, atrair, treinar e desenvolver um jovem é a oportunidade de esculpir novos talentos, um diferencial para o sucesso da instituição. Ter profissionais especializados, com boa formação educacional levará as empresas a conquistar cada vez mais o melhor lugar no atual mercado com conectividade, parceria e sustentabilidade.

"Onde há uma empresa de sucesso, alguém tomou alguma vez uma decisão valente."

Peter Ferdinand Drucker - escritor, professor e consultor administrativo.

19

Os desafios da gestão do conhecimento: o capital intelectual como fator competitivo no cenário empresarial brasileiro

O auto discorre sobre o tema "Capital Intelectual", da origem da expressão até os dias de hoje, enfatizando a necessidade de mudança de paradigma de gestão atual das corporações, bem como a necessidade das empresas criarem políticas especiais específicas de desenvolvimento e retenção de talentos e conhecimento

Leonardo Lima

Leonardo Lima

Sócio Diretor da Business & Leadership Consultoria Empresarial, empresa de consultoria de gestão empresarial atuante há mais de 15 anos no mercado nacional. Como consultor empresarial já desenvolveu projetos de reestruturação e profissionalização de gestão em centenas de empresas públicas e privadas no Brasil e na América Latina (Chile, Argentina e Equador) dos mais variados segmentos a destacar, tais como, empresas de offshore, hospitais, indústrias de alimentos, indústrias de cosméticos, indústrias de embalagens, distribuidoras, transportadoras, construtoras, redes supermercadistas, redes varejistas diversas entre muitas outras. Administrador de empresas, com especialização em Gestão Estratégica de negócios. Também possui especialização em Controladoria e Finanças, Gestão de Projetos e Comportamento Organizacional a título de lato sensu (MBA) e Economia Empresarial a título Stricto Sensu (Mestrado). Palestrante em diversas empresas nacionais de temas relacionados a liderança, motivação, superação, comunicação, sucesso em vendas entre outros. Como "Coach" já formou uma enorme gama de empresários e executivos para uma gestão mais eficiente e auto-sustentável. Autor de diversas matérias sobre gestão, empresas familiares, ciência do consumo, análises setoriais entre outras em diversas revistas e jornais especializados do setor. Escritor do livro Ser+ em Vendas vol. II.

Contatos
www.belsolucoes.com.br / leonardo@belsolucoes.com.br
(21) 2215-3643

Leonardo Lima

Túnel do tempo

Até os anos 80, quando falávamos da palavra capital em uma organização, logo vinha em nosso pensamento uma série de bens tangíveis, tipo, imóveis, maquinários, numerários, estoques, etc. Tínhamos oito tipos de capital diferentes: financeiro, próprio, de terceiros, circulante, técnico, fixo, natural e humano. As melhores empresas primavam por terem todos ou a maioria desses em abundância. Mas, o universo corporativo começou a perceber que existia além de tudo isso, dois fatores que influenciavam diretamente o desempenho das empresas: os ativos intangíveis e o conhecimento dos indivíduos. É concebido aí o termo "Capital Intelectual".

Drucker. Sempre Drucker

Em 1968, portanto há 45 anos, Peter Drucker escreveu "Uma Era da Descontinuidade" (1970, p.7-9), quando já percebia tendências que levariam ao que intitulou: A Sociedade do Conhecimento. Naquela ocasião, Drucker apontou descontinuidades em quatro áreas, que vale destacar:
"1. Estão surgindo tecnologias genuinamente novas. É quase certo que elas criarão novas indústrias importantes e novos tipos de grandes empresas e que tornarão, ao mesmo tempo, obsoletas as grandes indústrias e empreendimentos atualmente existentes. [...] As próximas décadas da tecnologia lembrarão, mais provavelmente, as últimas décadas do século passado, quando nascia uma grande indústria baseada em nova tecnologia poucos anos após o aparecimento de outra, e não farão lembrar a continuidade tecnológica e industrial dos últimos cinquenta anos.
2. Estamos diante de grandes mudanças na economia mundial. [...] O mundo tornou-se, em outras palavras, um mercado, um centro de compras global.
3. A matriz política da vida social e econômica está mudando celeremente. A sociedade e a nação de hoje são pluralistas.
4. Mas a mais importante das mudanças é a última. O conhecimento, nestas últimas décadas, tornou-se o capital principal, o centro de custo e o recurso crucial da economia. Isso muda as forças produtivas e o trabalho; o ensino e o aprendizado; e o significado do conhecimento e suas políticas. Mas também cria o problema das responsabilidades dos novos detentores do poder, os homens do conhecimento."
As tendências percebidas por Drucker, em 1968, hoje são uma realidade.
Em outra obra, Drucker (1993, p.23) reconhece o recurso do conhecimento como essencial e os demais como restrições, pois sem terra,

Capital Intelectual

mão de obra e capital, nem mesmo o conhecimento pode produzir:

"Na nova economia o conhecimento não é apenas um recurso, ao lado dos tradicionais fatores de produção - trabalho, capital e terra - mas sim o único recurso significativo atualmente. [...] o fato de o conhecimento ter se tornado o recurso, muito mais do que apenas um recurso, é o que torna singular a nova sociedade."

Origens

Etimologicamente falando, a palavra "Capital" vem do latim capitale, derivado de capitalis (com o sentido de "principal, primeiro, chefe"), que vem do proto-indo-europeu significando "cabeça". A palavra Capitale surgiu na Itália nos séculos XII e XIII com o sentido de fundos, existências de mercadorias, somas de dinheiro ou dinheiro com direito a juros. Em 1283 é encontrada referindo-se ao capital de bens de uma firma comercial (Wikipédia).

A título de significado para a palavra "Capital" encontramos: todo bem econômico suscetível de ser aplicado à produção; toda riqueza capaz de produzir renda; fundo de dinheiro de um particular ou de uma empresa; patrimônio, cabedal (Aurélio).

Já o termo "Capital Intelectual", de acordo com pesquisas próprias, inicia seu surgimento em uma linha temporal a partir de 1986, com Sveiby publicando o livro The Know-How Company, com indicações de como gerenciar ativos intangíveis, na Suécia. No mesmo ano, David Teece – professor da California Berkeley, escreveu o artigo Profiting from technological innovation, identificando os passos necessários para obtenção de valor através da inovação.

Já em 1991 e 1994, Tom Stewart, redator da Fortune, publicou dois artigos sobre o poder do conhecimento e do capital humano nas empresas. Ainda em 1991, na Escandinávia, a empresa Skandia instituiu o cargo Diretor de Capital Intelectual, a ser ocupado por Leif Edvinsson. De modo semelhante, em 1993, a empresa Dow Chemical nomeou Gordon Petrash para o cargo Diretor de Ativos Intelectuais.

Segundo Harrison e Sullivan (2000), duas abordagens paralelas foram se consolidando no estudo do Capital Intelectual, em meados dos anos 90: a primeira trata da criação e expansão do Capital Intelectual, enquanto a segunda refere-se à geração de valor e lucro através do seu gerenciamento.

Em janeiro de 1995, Patrick Sullivan, Gordon Petrash e Leif Edvinsson resolveram realizar uma reunião para compartilhar conhecimentos sobre Capital Intelectual no tocante a sua conceituação, mensuração e contribuição para o aumento dos lucros da empresa. Essa reunião, denominada ICM Gathering, definiu Capital Intelectual como o "conhecimento que pode ser transformado em lucro" (HARRISON e SULLIVAN, 2000).

Como mensurar e reportar o Capital Intelectual foi o tópico de discussão do simpósio internacional promovido pela Organização para Cooperação e Desenvolvimento Econômico (OECD) em 1999, em Amsterdã.

Uma retrospectiva de como o Capital Intelectual tem sido analisado pelas empresas foi realizada por Petty e Guthrie (2000), conforme quadro abaixo.

Período	Progresso
Início dos anos 80	Noção superficial de valor intangível (geralmente chamado de goodwill)
Meados dos anos 80	Avanço da "era da informação" e aumento das diferenças entre valor contábil e valor de mercado
Fim dos anos 80	Primeiras tentativas de criação de contas para mensuração de Capital Intelectual (Sveiby, 1988)
Início dos anos 90	Kaplan e Norton introduzem o Balanced Scorecard, dentro da filosofia "só pode ser gerenciado o que pode ser medido"
Meados dos anos 90	Skandia lança o suplemento "Visualizando o Capital Intelectual", anexo à sua demonstração pública de resultados (1994) Os pioneiros na avaliação de Capital Intelectual começam a publicar livros (Kaplan e Norton, 1996; Edvinsson e Malone, 1997; Sveiby, 1997)
Fim dos anos 90	Capital Intelectual constitui tema popular entre acadêmicos, pesquisadores e conferencistas. Alguns grandes projetos começam a surgir com o objetivo de aplicar maior rigor nas pesquisas. Em 1999, a OECD realiza simpósio internacional sobre Capital Intelectual, em Amsterdã

Alguns bons conceitos

Para explicar o valor do Capital Intelectual de uma empresa me valho de um exemplo bem simples, mas bastante elucidativo: pegue o valor de mercado (preço de cada ação multiplicado pelo total de ações que a empresa possui na Bolsa) de uma empresa. Nesse exemplo usaremos o famoso site de busca Google. Agora cruze esses dados com o valor patrimonial (valor patrimônio líquido) dessa mesma empresa. Sabe o que você vai encontrar? Bilhões de diferença.

Sabe o que significam esses bilhões? Capital Intelectual.

Vamos abrir o exemplo? O Patrimônio Líquido da Empresa Goo-

Capital Intelectual

gle em 2012 foi R$ 71,715 Bilhões de dólares. E o valor de mercado no final de 2012: R$ 233,420 Bilhões. Mais de três vezes seu valor contábil. (Fonte: http://ycharts.com/).

Sendo assim, fica fácil perceber que o maior capital hoje de uma empresa para geração de caixa é o conhecimento, é a informação, que traduzindo se transforma em capital intelectual.

Mas mesmo diante de tudo isso, percebo que muitas empresas têm dificuldades em manter seu capital intelectual.

Organizações voltadas para o conhecimento

Agora, pergunto a todos os empresários a quem aqui compartilham comigo essas linhas:
- O que ando fazendo para selecionar e recrutar talentos, ou o que minha empresa ou minha filosofia empresarial tem de diferente para atrair essas pessoas?
- O que ando fazendo para reter as pessoas que hoje existem em minha empresa que representam a filosofia, o conhecimento e realmente agregam valor ao meu negócio?
- O que ando fazendo para formar as pessoas que existem hoje em meu quadro de pessoal para que as mesmas se tornem excelentes em suas funções e ou especialidades?

Ao responder todas ou pelo menos alguma dessas três questões poderemos perceber claramente que sempre temos algo a melhorar.

A criação de políticas específicas conjuntamente com as cabeças pensantes da empresa para a relação Atração X Retenção de talentos X Disseminação de conhecimento sempre se mostra eficiente quando realizada de forma séria e com senso de propósito.

Dessa forma, coloco aqui algumas ações em forma de passo a passo que podem fazer muita diferença em sua empresa.

Recrutando talentos

Uma grande empresa de cosméticos brasileira fez um grande processo seletivo e percebeu que o número de candidatos interessados tinham muito pouco ou quase nada a ver com o ideal da empresa. No ano seguinte, o processo criado omitiu o nome da empresa e divulgou somente ideais e quem se identificava pelos mesmos. A empresa recebeu menos da metade dos currículos do ano anterior.

O filtro de quem vai ingressar em sua empresa é o fator inicial determinante de que tipo de profissional vai tocar seu negócio, por isso a sua importância.

Forme inicialmente um perfil do candidato procurado. Não é apenas sua formação, experiência e salário. É principalmente alguém que se identifique pela missão e visão da empresa. Alguém que procure seguir algo. Um ideal, um sentido. Isso sim é importante para sua empresa. Colaboradores engajados no mesmo objetivo de sua empresa junto ao mercado e/ou cliente. E tenha paciência, pois esse processo de seleção muitas vezes é um pouco mais longo, mas muito mais eficaz.

Definido o que realmente é importante para você buscar no mercado, um bom processo seletivo se faz necessário. E ressalto somente aí que não queime etapas. Faça todas as entrevistas, testes, dinâmicas que forem necessárias. E, principalmente, após gostar de alguém, ligue para seu emprego anterior e veja suas referências. Isso soa básico mas muitas vezes fazendo check-list em processos de trabalho de rh percebi que isso ou aquilo sempre escapava do procedimento do dia a dia e consequentemente gerava problemas no futuro.

Retenção de Talentos

Por mais estranho que isso possa soar digo e sempre repito: dinheiro não é o principal diferencial para segurar alguém em sua empresa. Ajuda? Muito, sem dúvida. Mas, sinceramente, não se sustenta por si próprio. Reter gente boa é o maior desafio que eu vejo nas empresas e por incrível que pareça é o que é menos desenvolvido de forma eficiente. Independente de políticas de benefícios, que para mim são básicas, quero aqui falar de outro aspecto que considero o aspecto fundamental. Pessoas inteligentes querem ser constantemente desafiadas, estimuladas. Querem ter a certeza que estão sempre caminhando para o topo e não estacionadas seja na microempresa, seja na multinacional. Isso é o que faz a diferença para elas. Mais do que salário. E sabe por quê? Porque elas sabem que são empregáveis. E muito. Então para elas não faz tanta diferença assim ganhar x aqui ou ganhar x e mais um pouco ou menos um pouco ali. Esse é o grande segredo do negócio. E um grande "bizú" para todos os empresários. Realmente se preocupem com a formação desses profissionais. Tenham um programa específico em seus Rhs de desenvolvimento interno que funcione. Mexam sempre com essas pessoas. Desafie-as constantemente dando para elas tarefas multidisciplinares, aumentando sempre que possível a carga de responsabilidades, ou seja, levando-as cada vez mais perto do topo.

Disseminação de conhecimentos

Se seu clima organizacional é bom, parabéns. Você consegue iniciar esse item. Se não, ande duas casas para trás.

Para que uma boa política de gestão de conhecimento aconteça é

Capital Intelectual

importante que as pessoas da empresa não se vejam como inimigas, pois se isso acontece em sua empresa certamente as coisas não irão funcionar. E, sendo assim, você precisa cuidar inicialmente do clima interno primeiro para poder pensar em gestão de conhecimento depois.

Se o clima é bom, aí podemos avançar e programarmos algumas ações. Em muitos projetos que trabalhamos geralmente usamos uma técnica chamada de "agente multiplicador". Nada mais é do que um gestor ou um colaborador com mais experiência e melhor desempenho em determinada função que, periodicamente, junto com a consultoria passa sua experiência para os demais, seja por treinamento em sala de aula, seja por encontros específicos ou seja por visitas em campo periodicamente. Isso tem o intuito de propagar o conhecimento como um todo a todos os atores da empresa. Existem muitas outras ações. Acredito que você deva escolher a que mais se adapte à realidade de sua empresa e pôr em prática monitorada por pessoas capazes e avaliada constantemente (Outro grande "Bizú". Sempre avalie periodicamente os resultados de suas ações dentro de sua empresa).

Enfim senhores, espero ter contribuído pelo menos plantando uma semente nesse campo tão importante que hoje se chama "Capital Intelectual". O segredo do sucesso de vocês nesse aspecto está proporcionalmente ligado à velocidade que essa informação ou conhecimento chega, fica e sai de sua empresa. Não deixar que ela saia ou se perca é a cereja desse bolo. Por isso mesmo vamos lá. Não percam tempo.

Sucesso a todos.

20

Capital Intelectual
Um bem intangível
O Maior Patrimônio de uma Organização

"O poder de revolucionar uma organização através do conhecimento individual e coletivo. Um investimento que vale a pena ser feito."

Luiz Claudio da Silva

Luiz Claudio da Silva

Pedagogo, neuropsicopedagogo e consultor empresarial, filiado ao IBCO – Instituto Brasileiro de Consultores Organizacionais. Especialista em gestão de negócios e logística empresarial. Atua na área de competência da Logística Empresarial há 25 anos, coach e diretor da CTE Capacitação e Treinamento Empresarial.

Contatos
lcslogistica@hotmail.com
(92) 8114-9758
(92) 3671-6693

Luiz Claudio da Silva

É notório que o mundo vem passando por transformações abruptas, desencadeadas pelo conhecimento adquirido pelo homem. Algumas mudanças são boas, outras, nem tão boas assim, algumas favorecem milhões de pessoas, outras a um pequeno grupo.

O fato é que para haver mudanças, e aqui não vamos distinguir se boas ou ruins, tem que haver conhecimento, ousadia, vontade de melhorar aquilo que já existe ou simplesmente inventar o novo, aquilo que ninguém pensou. No mundo corporativo, o conhecimento é um grande aliado no que tange à sobrevivência e ao crescimento de uma organização. O conhecimento pode ser encarado como um grande recurso competitivo acelerado ainda mais pelo fenômeno da globalização.

Drucker (1998, p. 19) argumenta "(...) para se manterem competitivas – e até mesmo sobreviverem – as empresas deverão converter-se em organizações baseadas em conhecimento com bastante rapidez".

Toffler (1995) acredita ser o conhecimento um recurso de suma importância para a economia. Segundo o próprio:

"Todos os sistemas econômicos estão instalados 'sobre uma base de conhecimento'. Todas as empresas dependem da preexistência deste recurso socialmente constituído. (...) esse recurso – em parte pago, em parte explorado gratuitamente – é, agora, o mais importante de todos" (Toffler 1995, p. 108).

Pelo que os autores acima explicitam, não é difícil entender a importância que o conhecimento tem para o ambiente corporativo, ele acaba muitas vezes sendo o fator diferencial nas acirradas concorrências impostas pelo mercado. É clara e evidente a importância dada atualmente aos estudos organizacionais, que passaram a focar especificamente a necessidade de se estudar o conhecimento e fazer indagações a respeito de como as organizações aprendem? Como se dá a criação do conhecimento? Como avaliar o capital intelectual? Como investir continuamente no capital intelectual?

O conhecimento e a informação ao alcance de todos

Na contemporaneidade percebemos que vários recursos de mídia escrita, televisiva e digital nos permitem acessar uma grande quantidade de dados. Podemos afirmar que, de uma forma ou de outra, as pessoas têm um acesso relativamente fácil aos dados sobre uma diversificada gama de assuntos, porém, o que se ressalta aqui é a tradução real desses dados para então prover fonte de conhecimento.

Esse conhecimento criará facilitadores no momento de decisão não só no mundo corporativo como num todo. O simples acúmulo de dados não trabalhados, não geram informação e sem informação não há

Capital Intelectual

conhecimento. Precisamos trabalhar a informação para então gerar o conhecimento. Acumular informações, como se fôssemos um dispositivo de informática (HD) não nos trará benefício algum. A grande dica é saber tratar a informação, usando-a de forma adequada no momento certo, com o fito de acrescentar o nível de conhecimento já existente para esta ou aquela questão. Para que esta ou aquela informação tenha um peso; um significado, é necessário que ela passe por um processo de entendimento, crítica e investigação, aí sim, surgirá o conhecimento.

Então vamos melhorar a definição de "dados" e "informação".

"Para Chiavenato (1999, p. 366)", dado é um registro ou anotação a respeito de um evento ou ocorrência. Dado é um elemento da informação (um conjunto de letras ou dígitos) que, tomado isoladamente, não transmite nenhum conhecimento, ou seja, não contém nenhum significado intrínseco (Bio, apud Freitas, 1997).

Dados são materiais brutos que precisam ser manipulados ou colocados em um contexto compreensivo antes e se tornarem úteis. (Burch e Strater, apud Freitas, 1997).

Quanto à informação, Chiavenato (1999, p. 366) defende que "Informação é um conjunto de dados com um significado, ou seja, que reduz a incerteza ou que aumenta o conhecimento a respeito de algo".

Davis e Olson explicam que "a informação é um dado que foi processado de uma forma significativa para o receptor e seu valor é real, ou percebido no momento, ou em ações prospectivas nas decisões" (apud Freitas, 1997).

Mudança de estratégia

As empresas que mais crescem no mundo certamente tiveram que realinhar suas estratégias de crescimento e de investimento. Essas empresas passaram a tratar o colaborador como fator primordial para alcançar suas metas. Hoje as empresas, inteligentemente, buscam mais do que a satisfação, a felicidade e a realização de seus parceiros internos, admitem que dessa forma conseguirão mais do que reter talentos; conseguirão também atrair novos talentos.

Na visão de Senge (2004), organizações que aprendem são aquelas "[...] nas quais as pessoas expandem continuamente sua capacidade de criar os resultados que realmente desejam, onde se estimulam padrões de pensamentos novos e abrangentes, a aspiração coletiva ganha liberdade e onde as pessoas aprendem continuamente a aprender juntas".

Fizeram a lição de casa e, rapidamente, entenderam que o seu maior patrimônio não eram os bens tangíveis e, sim, os bens intangíveis. Concatenaram o conhecimento individual do grupo, transformando-o em capital intelectual disponível para a organização. Mas, afinal, o que é o "Capital Intelectual"?

Para Stewart (1998, p. 13), Capital Intelectual é a soma dos conhecimentos de todos em uma empresa, o que lhe proporciona vantagem competitiva, ao contrário dos ativos, com os quais empresários e contadores estão familiarizados – propriedade, fábrica, equipamentos, dinheiro. Constituem a matéria intelectual: conhecimento, informação, propriedade intelectual, experiência, que pode ser utilizada para gerar riqueza.

Edvinsson e Malone et al. (1998) apud Antunes (2000, p 78) definem Capital Intelectual como "a parte invisível da empresa onde se encontram o capital humano (conhecimento, inovação e habilidade dos empregados mais os valores, a cultura e a filosofia da empresa) e o capital estrutural (formado pelos equipamentos de informática, softwares, banco de dados, patentes, marcas registradas, relacionamento com os clientes e tudo o mais na capacidade organizacional que apoia a produtividade dos empregados)".

Segundo Brooking (1996 apud ANTUNES, 2000, p. 73), capital intelectual pode ser definido como "uma combinação de ativos intangíveis, frutos das mudanças nas áreas da tecnologia da informação, mídia e comunicação, que trazem benefícios intangíveis para as empresas e que capacitam seu funcionamento". Brooking ainda divide o capital intelectual em quatro categorias:

• **Ativos de Mercado:** potencial que a empresa possui em decorrência dos intangíveis que estão relacionados ao mercado, tais como: marcas, clientes, lealdade dos clientes, negócios recorrentes, negócios em andamento, *backlog*), canais de distribuição, franquias etc.

• **Ativos Humanos:** compreendem os benefícios que o indivíduo pode proporcionar para as organizações por meio da sua *expertise*, criatividade, conhecimento, habilidade para resolver problemas, tudo visto de forma coletiva e dinâmica.

• **Ativos de Propriedade Intelectual:** incluem os ativos que necessitam de proteção legal para proporcionar às organizações benefícios tais como: *know-how*, segredos industriais, *copyright*, patentes, designs etc.

• **Ativos de Infraestrutura:** compreendem as tecnologias, as metodologias e os processos empregados, como cultura, sistema de informação, métodos gerenciais, aceitação de risco, banco de dados de clientes etc.

Através dos conceitos mencionados, fica fácil entender o quanto

Capital Intelectual

é importante investir neste recurso fundamental que soma valores e que incorpora o conhecimento individual em ativo para a empresa.

Com essa percepção, as empresas conseguiram modificar rapidamente seus processos, sua forma de atuar, de ganhar dinheiro, de mudar rapidamente para atender as solicitações de mercado, de se relacionarem com o meio ambiente.

Podemos ainda acrescentar o ganho carismático e orgulhoso que colaboradores passaram a ter para com sua empresa, pois estas mudanças alcançaram uma profundidade talvez ainda não entendida pela maioria dos empresários, conquistaram o carisma e o respeito de seus colaboradores e familiares, conquistaram a simpatia e o orgulho daquele que nela labuta e tira o seu sustento, quem não se orgulha em trabalhar na Volvo do Brasil, na Microsoft, na Moto Honda da Amazônia, na Nike e em outras tantas?

Estes sentimentos certamente funcionam como mola propulsora de qualquer projeto, ideia ou desafio não imposto, mas dividido e que certamente terá êxito. É importante para todos os colaboradores de uma empresa, seja ela pequena ou grande, se sentir bem-vindo, necessário ao processo e, sobretudo, respeitado.

Como atrair e manter o Capital Intelectual da Organização?

Verdadeiramente falando, não existe uma receita de bolo pronta para ser aplicada em qualquer caso. Gosto e aconselho as organizações a se espelharem nas experiências que já obtiveram êxito, entendo que seja esta forma mais inteligente e rápida para os atuais dias.

Para se ter sucesso no processo de crescimento da organização é necessário que realmente haja uma convergência entre os objetivos organizacionais e individuais. Ambos precisam ser respeitados, é uma negociação "ganhaxganha".

Objetivos organizacionais	Objetivos individuais
• Sobrevivência	• Melhores salários e benefícios
• Desenvolvimento sustentável	• Estabilidade no emprego
• Lucratividade	• Segurança no trabalho
• Produtividade	• Qualidade de vida no trabalho
• Qualidade	• Satisfação no trabalho
• Redução de custos	• Consideração e respeito
• Novos mercados	• Oportunidades e crescimento
• Novos clientes	• Liberdade para trabalhar
• Competitividade	• Liderança liberal
• Imagem da organização	• Orgulho da organização

Luiz Claudio da Silva

É fato que o número de organizações que realmente se preocupam com a satisfação do colaborador é ínfimo, pois não saem do discurso e quando falamos de conhecimento e de inteligência, neste sentido, parece-me que há um apagão bucólico, pois, como vou conquistar meu cliente se não consigo conquistar o meu colaborador que é quem elabora e produz o produto ou serviço. Quando Chiavenato menciona "a imagem da organização" como um dos objetivos organizacionais, me preocupo de qual será a imagem que o colaborador está passando para o cliente quando o serviço ou produto não corresponde as suas expectativas, ou será que o cliente é incapaz de discernir um bom de um mau produto ou serviço?

Nos dias atuais é indiscutível a participação efetiva do profissional de RH que mais do que nunca exerce um papel fundamentalmente estratégico dentro da organização. Identificar, reter e manter os talentos da organização para que decisivamente possam agregar valores para a organização.

Para Resende (2003), em qualquer ambiente que se viva ou trabalhe, as pessoas sempre se sobressaem ou se destacam por suas competências ou habilidades, reveladas no seu comportamento, manifestação ou atuação. Normalmente, estas pessoas são mais realizadoras, empreendedoras, mais voltadas para alcançar objetivos e resultados.

Então, nos parece óbvio que existem várias formas de se investir continuamente e manter o capital intelectual de uma organização. As organizações precisam sair do discurso de "empresas boazinhas" e realmente se preocuparem com o bem-estar dos seus colaboradores, não há encantamento por parte do colaborador em receber cestas básicas e/ou planos de saúde iguais ou mais precários daqueles serviços oferecidos pelo poder público. É necessário que as organizações apurem suas estratégias no sentido de:

- Reinventar a estratégia de recrutamento, mudar os padrões atuais que são falhos.
- Fazer do desenvolvimento algo rotineiro na vida da organização e das pessoas.
- Formatar um modelo de organização onde as pessoas queiram trabalhar, que sintam orgulho.
- Desenvolver pessoas e talentos, entendendo que eles não são empregados e, sim, pessoas.

Finalmente, não podemos nos esquecer que todo ser humano é perfectível, ou seja, caminha no sentido da perfeição, basta ser motivado e que motivação não se compra, se constrói.

Capital Intelectual

21

Liderança Assertiva

Nas últimas décadas houve grandes revoluções e evoluções para a humanidade. Com o advento da internet, o conhecimento passou a ficar à disposição de todos e mudou completamente a forma como realizamos nossos trabalhos. Com isso, o conhecimento evidentemente se tornou uma moeda poderosa no mundo corporativo, que está cada vez mais competitivo. Mas é preciso desenvolver muito além do capital intelectual. E é necessário começar pelas lideranças

Lunice Dufrayer

Lunice Dufrayer

Psicóloga, psicoterapeuta, palestrante e empresaria. Graduada em psicologia pela PUC-GO, pós-graduada em Testes Psicológicos; Psiconeurolinguística; Psicossomática Humana; Psicologia da Saúde e Hospitalar; Administração de Recursos Humanos; Formação de Gerentes; MBA em Gestão Empresarial; pesquisadora e autodidata em Neurociência. Consultora na área de relacionamentos pessoais e profissionais, ministra palestras e *workshops* utilizando técnicas de neurociência, PNL e saúde para o desenvolvimento da inteligência emocional nos vários tipos de relacionamentos.

Contatos
Facebook – Psicóloga Lunice
psicologalunice.wordpress.com
psicologalunice@gmail.com
(62) 3922-0321 / (62) 8151-5597

Lunice Dufrayer

"Aqueles que sabem muito sobre os outros podem ser espertos, mas aqueles que realmente entendem os outros são sábios. Aqueles que controlam muitos podem ser poderosos, mas aqueles que têm dirigido realmente os outros têm mais poder ainda". Lao Tsé

Capital Intelectual é o conjunto de informações e conhecimento de uma organização, é um ativo intangível fundamental para o aumento da produtividade e sucesso. Demora tempo para ser construído e está impregnado em todos os departamentos de uma empresa. Nesse sentido, o conceito de Capital Intelectual é conhecido por todos.

Nas últimas décadas houve grandes revoluções e evoluções para a humanidade. Vivemos na era do conhecimento e da informação, não há como negar e menos ainda retroagir. Com o advento da internet, o conhecimento está à disposição de todos, mudou completamente a forma como trabalhamos e até como adquirimos informações. Em uma sociedade onde o conhecimento se tornou vital para os negócios e para as pessoas – e está disponível para quem quiser–, podemos conjecturar a partir dessa afirmação que o conhecimento tornou-se moeda de grande poder de barganha no mundo corporativo.

De acordo com o dicionário Aurélio, conhecimento é: "Ato ou efeito de conhecer. Informação ou noção adquirida pelo estudo ou experiência". Percebo conhecimento como todas as informações e experiências vividas como: viagens, convívio com outras culturas, relacionamentos afetivos, cursos diversos, jornais, revistas, internet, TV, participação em trabalhos voluntários, experiências profissionais, psicoterapias e outras experiências que fizeram diferença. Tudo isso gera conhecimento.

Cada pessoa tem sua própria "fórmula" para adquirir conhecimento. Nossos avôs já foram chamados de "homens conhecedores do saber" e grande parte deles nem foi alfabetizada, seus conhecimentos eram adquiridos pela vivência, pela observação e por muitos *insights*, por informações recuperadas e passadas de geração por geração, ou seja, não existe uma fórmula única para a criação de conhecimento, todas elas fazem diferença na vida pessoal e profissional das pessoas.

É bem verdade que, o mundo mudou, que a forma de trabalhar e adquirir conhecimento mudou e que hoje somos muito mais exigidos que nossos avôs, mas isso não extinguiu os meios de adquirir conhecimento, é preciso levar em consideração todos os canais.

A crença de que os livros são a forma mais eficaz de adquirir conhecimento é fácil de ser exemplificada no que eu chamo de "Síndrome dos recém-formados". Durante o processo de supervisão de estágios observei o quanto a "turma" que saiu da faculdade tem to-

Capital Intelectual

das as teorias na ponta da língua, por vezes me senti desinformada com tanta informação teórica que eles jogavam em cima de mim, entretanto, nos momentos de criar soluções para situações de crise eles se viam "desnudos" e não compreendiam o motivo pelo qual as teorias não solucionavam a crise, faltava vivência, faltava estrutura emocional para acrescentar às teorias.

Exatamente por causa dessa experiência com recém-formados e mais a experiência como Coach Terapêutico é que acredito que, para todo esse conhecimento ser realmente bem aproveitado é preciso fazer um caminho um pouco mais longo do que apenas desenvolver o Capital Intelectual, é preciso investir e desenvolver o Capital Emocional.

Os conceitos de capital intelectual e capital emocional representam o desejo de conhecer e equilibrar as necessidades de ambas as partes, são a base para as empresas definidas como empresas de gestão do conhecimento.

Há mais de uma década, quando terminava o MBA em Gestão de Negócios, o professor de Gestão do Conhecimento disse para a turma: "Daqui a um tempo todas as empresas terão acesso à tecnologia, nesse momento, o diferencial será o capital humano e intelectual, por isso, invistam nas pessoas e na informação". Esse tempo já chegou!

Estamos vivendo uma corrida na busca do conhecimento, das melhores fontes dele, e alguns de nós têm conseguido. Mas eu acredito, e tenho vivenciado em consultório diariamente que todo conhecimento intelectual só é passível de ser realmente aproveitado quando conhecemos a nós mesmos em primeiro lugar.

Uma liderança eficaz é um aliado fundamental para o bom funcionamento de uma empresa. Manter a equipe motivada, capacidade de adaptar as características da equipe, ter senso de autoridade, ser carismático, flexível etc., são requisitos esperados de um líder. Há algum tempo os gestores de pessoas, especialmente os responsáveis por recrutamento e seleção passaram a procurar outras qualidades para a escolha de um líder – a Inteligência Emocional.

Tenho uma preocupação especial com os pacientes que desenvolvem atividades de liderança, por que um líder é cabeça, é espelho, é luz e como liderar se não consegue compreender e organizar a própria cabeça, as próprias emoções? Como saber realmente se foi justo em uma punição se ainda não resolveu consigo mesmo as dificuldades internas para lidar com os erros dos outros? E é sobre conhecer a si mesmo para desenvolver uma liderança transformadora que quero enfatizar.

O autoconhecimento deve passar por um desejo genuíno de entrar em contato com as próprias limitações – e todos nós as temos, evidentemente. É um caminho muitas vezes longo, de altos e baixos, numa relação de amor e ódio consigo mesmo e com aqueles que você ama. Mas, as conquistas ao longo desse processo são simplesmente maravilhosas.

Você que é líder deve estar pensando: "Mas eu sempre fui líder e nunca precisei dessas 'bobagens' de autoconhecimento não, e olha que sou um ótimo líder, todo mundo diz!" E eu acredito! Sei que todos os líderes dão o melhor de si, e muitas vezes até mais do que a empresa espera. Mas é exatamente disso que estou falando, de você dar mais do que é necessário.

Segundo Peter Senge (1997), "as pessoas que têm altos níveis de domínio pessoal (...) não podem se permitir escolher entre a razão e a intuição, ou entre a mente e o coração, do mesmo modo como não escolheriam andar com uma só perna ou ver com um só olho".

De acordo com autores, quando uma pessoa utiliza além da mente analítica, as emoções e a intuição, suas sensações e sua inteligência emocional a capacitam pensar em centenas de possíveis soluções e cenários. Demonstram ainda que, além da rapidez do processo de solução, a resposta é melhor do que a que obteriam se tivessem usado somente o intelecto.

Todos os dias tomamos decisões; decisões têm consequências imediatas e a longo prazo. Além disso, a cada dia as empresas têm necessitado de novos líderes em todas as esferas hierárquicas, que de uma forma ou de outra precisam responder às expectativas cada vez mais elevadas do mercado de trabalho.

O mercado espera que os líderes assumam responsabilidade por um sucesso permanente e insistem em conhecimentos diversos, assim como capacidade de análise, tais como tecnologia, desenvolvimento de produtos, marketing, gestão de recursos, estatística, finanças, gestão humana etc., independente no nível hierárquico. É desejado ainda que os lideres sejam mentores, conselheiros, instrutores, aliados e amigos, e que estejam sempre atentos às necessidades do departamento, da empresa e dos membros da equipe. Ufa! Haja conhecimento para desempenhar o papel de líder!

É preciso ter equilíbrio entre o intelecto e o emocional para agir de forma adequada, tanto no aspecto profissional como no pessoal. Todos nós, líderes ou não, temos uma vida fora das empresas. Temos família e amigos, e uma gama de acontecimentos que permeiam essas áreas de nossas vidas. Relacionamentos afetivos, filhos, pais, contas, trânsito, cursos, compromissos sociais, lazer, tarefas domésticas e muito mais. Dar conta disso e ainda ser um líder assertivo é uma tarefa que desprende muita energia.

Nenhum ser humano consegue desenvolver, por muito tempo,

Capital Intelectual

tantas atividades sem prejuízo físico e emocional e sem passar pelo processo de autoconhecimento. Vemos diariamente ótimos profissionais sucumbirem por doenças psicossomáticas que se tornam fatais, e até mesmo desmoronamento de suas vidas pessoais por não saberem como lidar com tantas expectativas.

O Coach Terapêutico ou um processo psicoterápico tem ferramentas para ajudar as pessoas a trabalharem suas limitações. Como qualquer ser humano, agimos e reagimos conforme nossa personalidade, que nada mais é do que o resultado de temperamento (geneticamente herdado) mais caráter (valores aprendidos), então, temperamento + caráter = personalidade. O que faz de nós pessoas únicas.

Com essa personalidade, cada um de nós vivencia diferentes tipos de experiências em nossas infâncias, com as próprias histórias de família e pessoais. Todos esses aspectos influenciam na forma como percebemos o mundo, e como usamos nossos conhecimentos. Por esse motivo existe uma preocupação crescente em orientar as pessoas para o desenvolvimento da inteligência emocional, objetivando otimizar o conhecimento intelectual em favor de empresas mais humanas e líderes mais saudáveis e felizes.

Soleovey (apud Goleman, 1995) estabeleceu cinco domínios para as inteligências pessoais:

• **Conhecer as próprias emoções:** a autoconsciência;

• **Lidar com as emoções:** capacidade de lidar com os próprios sentimentos e transformá-los em aliados, livrar-se da ansiedade, tristeza ou irritabilidade incapacitantes;

• **Motivar-se:** colocar as emoções a serviço de uma meta, de forma a possibilitar elevados desempenhos;

• **Reconhecer emoções nos outros:** a empatia é uma capacidade que identifica o que os outros precisam ou querem;

• **Lidar com relacionamentos:** é a aptidão de lidar com as emoções dos outros.

Segundo Goleman (1998) e McClelland (1973), o desenvolvimento de uma inteligência emocional ajuda a aumentar a capacidade de raciocínio e, simultaneamente, a canalização da energia emocional, aumentando a capacidade de conexão com os outros. Constataram por estudos, que algumas pessoas brilhantes intelectualmente nem sempre eram as mais bem-sucedidas na vida profissional e pessoal.

Cada um de nós é responsável pela direção da própria vida, isso inclui vida profissional e pessoal. As escolhas que fazemos diariamente e as que deixamos de fazer vão definir o nosso amanhã. Ninguém é responsável pelas escolhas que fazemos, portanto, somente cada um pode tomar a decisão de investir no desenvolvimento do conhecimento emocional. Até porque, como pontuei acima, é um caminho doloroso entrar em contato com as próprias limitações e realmente precisa de um desejo genuíno de ser melhor para si mesmo.

Tenho tido sucesso no desenvolvimento de alguns líderes, e é altamente recompensador acompanhar seus crescimentos e conquistas. Muitos desistiram, mas muitos vêm investindo em serem pessoas mais ajustadas e equilibradas emocionalmente, e isso tem resultado em todas as áreas de suas vidas, por que a mudança não é apenas em favor do plano profissional, ela atinge um todo, e todas as áreas são beneficiadas.

Percebo que ainda existe uma resistência grande por parte da sociedade em investir em desenvolvimento emocional. A passos lentos, com a coragem de uns poucos, estamos trabalhando com o objetivo de conquistarmos empresas mais humanas, com equipes emocionalmente mais maduras e, consequentemente, produzindo resultados satisfatórios para todos os envolvidos.

Acredito que depois da era tecnológica que deu uma virada na forma como as empresas trabalham, o próximo passo será a era humana, onde as organizações terão que encontrar uma nova forma de existir. Isso pode parecer impossível agora, mas desde a revolução industrial as empresas vêm se adaptando de tempos em tempos às novas realidades. Ainda acredito no que o meu professor disse, que o diferencial serão as pessoas.

Exatamente como iniciei esse texto, o fecho acreditando que um dia as pessoas irão investir mais em si mesmas, assim como Lao Tsé disse: "Não é preciso correr para fora para ver melhor, nem tampouco olhar pela janela. Permaneça no centro de seu ser, pois quanto mais você se afastar dele, menos aprenderá. Examine seu coração e veja se ele é o sábio que trabalha o tempo todo. Para fazer é preciso ser".

Capital Intelectual

22

A Inteligência humana nas organizações

Os recursos intelectuais, a inteligência humana são
valiosos ativos para toda e qualquer organização

Márcia Rizzi

Márcia Rizzi

Bacharel em Ciências Jurídicas, pós-graduada em Administração pela FAAP, MBA em RH pela USP, AMANA-KEY Liderança e Gestão de pessoas, Coach com formação pelo ICI Integrated Coaching Institute e IDPH – Instituto de Desenvolvimento do Potencial Humano. Desenvolveu carreira na Caixa Federal onde esteve como Gerente Geral, Gerente Regional e Superintendente de Negócios. É coach, palestrante e facilitadora de treinamentos na área comportamental. É autora de diversos manuais para treinamento, coautora nos livros da Ed Ser Mais: - Ser+ com Coaching; Ser+ com Palestrantes Campeões, Manual Completo de Coaching, Ser+ em Gestão de Pessoas, coordenadora editorial e coautora nos livros Ser+ em Gestão do Tempo e Produtividade, Ser+ com Equipes de Alto Desempenho e Ser+ em Excelência no Atendimento ao Cliente.

Contatos
www.marciarizzi.com.br
marizzi@uol.com.br

Márcia Rizzi

A fonte de riqueza hoje é composta por informação e conhecimento colocados na prática, gerando valor. Os recursos intelectuais, a inteligência humana, são valiosos ativos para toda e qualquer organização.

Os ativos intelectuais tornaram-se os elementos mais importantes no mundo dos negócios, um elemento essencial para o sucesso da organização.

As organizações perceberam e passaram a valorizar a influência do capital intelectual nos resultados empresariais há bem pouco tempo, embora este se manifeste em todas as ações humanas, desde uma simples tomada de decisão até complexas estratégias. Peter Drucker, considerado o pai da moderna administração de empresas, disse que "os meios de produção, a base tradicional do capitalismo, estavam, agora, nas cabeças e mãos dos trabalhadores". Tofler, quando nos fala sobre a Era do Conhecimento, diz que "esta fase é caracterizada pelo poder do cérebro, na qual a informação assume o papel de principal recurso econômico".

O conhecimento sempre desempenhou importante papel nas grandes transformações sociais, porém, hoje, o conhecimento passou a ser "o recurso" e não mais um recurso.

O conhecimento, material intelectual bruto, transforma-se em capital intelectual, a partir do momento que passa a agregar valor aos produtos/serviços. E esse capital é, em alguns casos, mais valioso do que o próprio capital econômico.

Há autores que, ao definir capital intelectual, incluem liderança tecnológica, treinamento constante dos colaboradores, rapidez no atendimento aos pedidos de assistência técnica feitos pelos clientes e a capacidade de uma organização aprender e adaptar-se, como nos ensina H.Thomaz Johnson, professor de Administração de Empresas na Universidade Estadual de Portland (Oregon, USA). Concordamos com ele, pois isso tudo aprimora o conhecimento e o leva à prática gerando resultados para as organizações.

A origem do termo capital intelectual vem de propriedade intelectual, os conhecimentos de uma empresa, reunidos e legalmente protegidos. É um conjunto de benefícios intangíveis que agregam valor às empresas. Na década de 1990 surgiu a gestão do conhecimento com o intuito de partilhar ativos intelectuais, bem como desenvolver sistemas e processos tanto para adquirir quanto partilhar conhecimento, tratando-o como diferencial competitivo de sucesso. Na década seguinte temos que as empresas de sucesso não são um conjunto de produtos, mas sim de bases de conhecimentos distintas. Assim, à luz da gestão do conhecimento, as empresas passaram a

Capital Intelectual

rever suas estratégias, estrutura e cultura. Nesse momento a globalização acelera a competitividade, faz mais curto o ciclo de desenvolvimento de novos produtos e a consciência de que as empresas precisam valorizar qualidade, inovação, flexibilidade, velocidade.

Os fatores que geram o capital intelectual de acordo com B.Antunes & Martins, são:

- Conhecimento, pelo funcionário, de sua importância para os objetivos da empresa;
- Colaborador tratado como ativo raro;
- Alocar a pessoa certa na função certa considerando suas habilidades;
- *Oportunizar* o desenvolvimento profissional e pessoal;
- Definir uma estratégia proativa para tratar a propriedade intelectual;
- Mensurar o valor de marcas;
- Avaliar investimentos em canais de distribuição;
- Avaliar a sinergia resultante de treinamento e os objetivos corporativos;
- Prover infraestrutura e adequado ambiente de trabalho;
- Valorizar a opinião dos colaboradores;
- *Oportunizar* a participação dos funcionários na definição dos objetivos da empresa;
- Estimular os colaboradores para a inovação.

O capital intelectual pode ser dividido em: capital humano, capital estrutural e capital do cliente. O capital intelectual é o intercâmbio entre capital humano, capital estrutural e capital do cliente.

Capital humano

As pessoas geram capital para a empresa através de sua competência, atitudes e capacidade para inovar. As competências incluem as habilidades e a educação. A atitude se refere às condutas, seu modo de agir. Porém é a capacidade de inovar, a que pode gerar mais valor para uma organização.

O conhecimento acumulado, a habilidade e experiências dos colaboradores para realizar as tarefas do dia a dia, os valores, a cultura, a filosofia da organização, as pessoas, constituem o capital humano. Portanto, atrair, reter, desenvolver e aproveitar ao máximo o talento humano, será a principal estratégia das organizações. A gestão do capital humano passa pelo levantamento do potencial humano, pela identificação das potencialidades estratégicas a desenvolver e pela capacitação necessária. Sem um gerenciamento adequado desse requisito, nenhuma empresa terá sucesso com suas metas e objetivos e, consequentemente, não alcançará os resultados esperados.

Márcia Rizzi

Capital Estrutural

Compreende tudo que permanece na empresa, quando os colaboradores vão para casa. Abrange o investimento da empresa em sistemas, instrumentos e filosofia operacional. Refere-se também à capacidade de renovação e aos resultados da inovação sob a forma de direitos. Capital de processos é constituído por aqueles processos e programas direcionados aos empregados, que aumentam e ampliam a eficiência da produção ou prestação de serviços. É o tipo de conhecimento prático empregado na criação contínua de valor.

Para gerenciar o capital estrutural, é preciso uma rápida distribuição do conhecimento, o aumento do conhecimento coletivo, menor tempo de espera e profissionais mais produtivos. A função da gerência da empresa é utilizar corretamente o capital estrutural, para que este melhore os resultados da organização.

Capital do Cliente

Definido como o valor de seus relacionamentos contínuos com pessoas e organizações com as quais comercializa produtos e serviços. Há três tipos de clientes, os que melhoram a imagem da organização através de seus depoimentos e suas referências; os clientes que melhoram a organização em si, exigentes quanto às soluções, melhoram a estrutura interna da organização; e os clientes que aumentam a competência desafiando os colaboradores a que se desenvolvam para apresentar soluções aos seus projetos, levam, assim, os colaboradores a aprenderem com eles, clientes. Para uma organização obter sucesso, os três tipos de capital devem estar presentes e interagir. Uma boa ideia (capital humano), por exemplo, sem os meios para comunicá-la (capital estrutural) não chega muito longe. Por outro lado, uma boa relação com os clientes pode desaparecer quando o recurso humano não está atualizado com a tecnologia.

História

Medir o capital intelectual, considerando a lacuna existente entre o balanço patrimonial e o valor apontado pelo mercado, que representa a maior parte do valor real de uma empresa, é um desafio que superou a definição e hoje requer aprimoramento. A pioneira a enfrentar tal desafio foi a Skandia, empresa sueca de serviços financeiros, que em 1995 publicou o primeiro relatório de capital intelectual do mundo e nomeou o primeiro diretor de capital intelectual. À essa época, um editorial da revista Forbes nos leva à reflexão sobre

Capital Intelectual

o valor contábil das organizações: "Como parâmetro financeiro, o valor contábil está completamente morto, pois trata-se de um artefato da Era Industrial. (...) A incapacidade de compreender a importância decrescente do valor contábil, e dos ativos permanentes que formam o numerador desse parâmetro, é uma prova disso. A inteligência humana e os recursos intelectuais constituem atualmente os ativos mais valiosos de qualquer empresa." A partir de então, a discrepância entre a historia contada nos balanços patrimoniais das organizações e o desempenho real passou a ser questionado e estudado com olhos em um ativo intangível, o capital intelectual. A gestão do conhecimento nas empresas aponta para um futuro cujas características, marcantes e poderosas, serão capazes de promover no ambiente interno das empresas, nos mercados nos quais elas participam, e na sociedade na qual interferem, cenários de aproveitamento racional da força de trabalho, criando oportunidades efetivas de desenvolvimento tanto individual quanto corporativo.

O CONARH, Congresso Nacional de Recursos Humanos, no ano de 1998, teve o tema Capital Intelectual como a grande sensação. De lá trouxemos o livro "Capital Intelectual, descobrindo o valor real de sua empresa pela identificação de seus valores internos", da editora Makron Books, que tem como autores Leif Edvinsson e Michael S. Malone. Desse livro compartilho a metáfora da árvore, que nos leva a compreender melhor o papel do capital intelectual. "Se considerarmos a empresa como um organismo vivo, digamos uma árvore, então o que é descrito em organogramas, relatórios anuais, demonstrativos financeiros trimestrais e outros documentos constitui o tronco, os galhos e as folhas. O investidor inteligente examina essa árvore em busca de frutos maduros para colher. Presumir, porém, que essa é a árvore inteira, por representar tudo que seja imediatamente visível, é certamente um erro. Metade da massa, ou o maior conteúdo dessa árvore, encontra-se abaixo da superfície, no sistema de raízes. Embora o sabor da fruta e a cor das folhas forneça evidência de quão saudável aquela árvore é no momento, compreender o que acontece nas raízes é uma maneira muito mais eficaz para conhecer quão saudável a árvore em questão será nos anos vindouros. O apodrecimento ou o parasita, que agora começa a atingi-la a nove metros abaixo da superfície, pode muito bem matar a árvore que hoje aparenta gozar de excelente saúde. Isso é o que torna o Capital Intelectual tão valioso, o estudo das raízes do valor da empresa, a mensuração dos fatores dinâmicos ocultos que embasam a empresa visível formada por edifícios e produtos".

Finalizando, temos que o grande desafio hoje não é contábil, como muitos consideram, mas passa pela identificação e dissemi-

Márcia Rizzi

nação do conhecimento gerado dentro da empresa, promovendo a transformação de material intelectual bruto em Capital Intelectual que garanta uma trajetória de crescimento e desenvolvimento para a organização e seus colaboradores.

23

A comunicação interpessoal amplia o capital intelectual

Coaching, cursos e workshops para a melhoria da comunicação humana em ambientes de trabalho. As empresas estão preocupadas com a qualidade dos relacionamentos e a fuga de talentos. As pessoas querem descobrir como potencializar seus recursos e ampliar performances interpessoais e verbais. Nunca se buscou tanto conhecer estratégias de comunicação e convívio mais saudáveis com pessoas, times e plateia. A eficácia do Capital Humano é fundamental para tirar o melhor resultado do Capital Intelectual das organizações

Marinaldo M. Guedes

Marinaldo M. Guedes

Executive e Life coach, membro da SBCoaching. Comunicólogo e jornalista. É pioneiro no Brasil em aplicação de coaching para líderes indígenas, de etnias consideradas extintas e em autoafirmação étnica. Tem em MBA Coaching pela FAPPES/ SBCoaching, MBA em Gerenciamento de Projetos pela UFAM. Atua intensamente como coach de comunicação e media training. É palestrante motivacional, de inteligência emocional, comunicação verbal, responsabilidade social e coaching. Entre seus clientes estão Abrasel, Sebrae, IEL, Assembleia Legislativa do Amazonas, Governo do Amazonas, Sesc, Fundação Muraki, igrejas, empresas e universidades. Atua com desenvolvimento de pessoas desde 1996. É especialista em empreendedorismo. Trabalha com coaching em atendimento de executivos e com times de alta performance. Suas palestras e cursos proporcionam aprendizagem acelerada e bem-estar imediato. É autor do livro "Arte de falar em público" da Editora Semente de Vida e coautor do livro "Coaching - A Solução", da Editora Ser Mais.

Contatos
marinaldomatos@gmail.com
(92) 8111-4546

Marinaldo M. Guedes

Muita gente ainda tem dificuldade de conceituar o que é Capital Intelectual e acaba reduzindo apenas ao conhecimento adquirido pelas pessoas, dentro ou fora de uma empresa. O conceito é relativamente novo, e por isso ainda padece de equívocos. Mas, afinal, o que é Capital Intelectual?

É um conjunto de outros capitais, formado por: capital humano, capital estrutural e capital dos clientes. Acompanhe didaticamente para que você possa usar melhor:

O Capital Humano pode ser financiado pela instituição ou não, mas depende exclusivamente do colaborador a exploração desse resultado. São qualificações, habilidades, conhecimento e a criatividade dos membros de uma equipe. Ele aumenta a produtividade e exerce a função econômica.

O Capital Estrutural é a organização de métodos e procedimentos organizados pela instituição. O colaborador volta para casa, mas esse capital permanece na empresa. Entre eles estão os bancos de dados e os manuais de procedimentos.

O Capital dos Clientes são valores de relacionamento. É o valor da franquia, da marca, do relacionamento com os clientes, a lealdade deles à marca da empresa, o quanto ela conhece as necessidades de seus clientes e como se antecipa para resolver seus problemas.

É por isso que certas empresas podem custar bem mais caro que o valor do seu patrimônio. Ou ao contrário disso, esse capital intelectual pode estar tão abalado que o valor cobrado por uma empresa não cobre nem mesmo seu patrimônio.

Com o mercado cada vez mais exigente, as empresas vêm sentindo a necessidade de investir cada vez mais em recursos humanos, acrescentando o conhecimento ao seu capital. O Capital Intelectual é a mais nova "fonte de recursos" das empresas. Com essa representatividade, o Capital Intelectual não pode ser subestimado e nem usado de forma ineficiente. Ele precisa ser incentivado e fomentado para potencializar a atração de bons negócios e melhorar a rentabilidade.

E na esteira da busca por mais conhecimento, desenvoltura, habilidade e criatividade que entra a comunicação interpessoal, a inteligência emocional e a necessidade de estabelecer contato sensorial com os mais diversos atores da engrenagem social da empresa.

A comunicação e o homem

O homem é a única, entre as demais criaturas, a usar palavras para transmitir mensagens. A linguagem oral é um meio de comunicação mais vasto do que a escrita. Pode ser enriquecida com gestos, expressões fisionômicas, ênfases e até com o silêncio.

A todo momento nos vimos em situações que nos exigem o intelecto para suprir necessidades de trabalho. Emitimos e trocamos ideias, sentimentos, opiniões e pensamentos em casa, no clube, no trabalho etc. Na maioria das vezes, não nos damos conta de que estamos efetivando uma comunicação, fazendo reviver aquilo que é responsável pela elevação do homem ao padrão mais elevado de sociedade, jamais imaginado pelas outras criaturas.

O insucesso da mensagem, as reações negativas do ouvinte e outros fatores nos fazem lembrar de repensar o modelo da nossa comunicação. Albert Einstein afirmava que loucura é querer resultados diferentes fazendo o que sempre se fez. Comunicação é arte, emoção, prazer e ciência. A qualidade de nossos relacionamentos depende da forma como inserimos a comunicação no processo. Comunicar interfere na capacidade de entendermos o outro e fazer com que ele nos entenda, na possibilidade de alcançarmos objetivos individuais e comuns.

Os estudos avançam. A neurolinguística selecionou três grupos de pessoas que apresentam maior ou menor grau de reação diante de um momento. Exemplificando, você foi a um teatro com um grupo de amigos do trabalho. Assistiram a mesma apresentação. No dia seguinte surgiram os comentários, diferentes entre si. Isso ocorreu por que os seus amigos têm diferentes níveis de percepção. Uns são mais auditivos, outros visuais e outros são cinestésicos. São os canais sensoriais. Os amigos auditivos geralmente vão comentar a música de uma cena, o ritmo da peça, o choro ou a gargalhada barulhenta daquele personagem. Os amigos visuais falam do belo cenário, as cores das roupas e até a iluminação do palco. Os cinestésicos discutem os desdobramentos da coreografia, dos gestos extravagantes desse ou daquele ator etc. De uma forma ou de outra optamos por um desses canais para receber a mensagem. É automático. E isso pauta a nossa vida, em casa, na universidade e no trabalho.

O homem superestima a importância das palavras. Você deve conhecer gente que possui invejável conhecimento, mas ao se comunicar apresenta ideias com baixo estímulo visual ou auditivo. Você sabe que faltou algo. Foram os outros dois aspectos que ficaram submersos, inconscientes. Eles agem sobre nós, todos os dias, em nossas conversas. É automático e quase não controlamos. É necessário resgatar esses estimulantes da boa comunicação.

A comunicação sem mistérios

O pesquisador Johann W. Kluczny observou a metodologia da comunicação profissional e da transferência de informações. E nós,

de forma simples e detalhada, chegamos a quatro princípios para uma ação de comunicação bem-sucedida:
- Em primeiro lugar, você precisa saber com certa precisão quais os pensamentos, imagens e sentimentos que deseja transferir para o seu ouvinte.
- Em segundo lugar, precisa de um sistema de sinalização visível e audível para externar seus pensamentos em palavras, tons, entonações, gestos, expressão corporal etc. Organize sua expressão verbal de acordo com determinadas regras e transmita essas informações através de uma ou mais modalidades sensoriais.
- Em terceiro lugar, o ouvinte precisa possuir capacidade de percepção adequada para captar os sinais enviados. Ouvir o que foi falado não é suficiente, precisa entender as informações passadas.
- Em quarto lugar, o ouvinte precisa integrar os símbolos e signos (palavras, tom de voz, expressão fisionômica, gesticulação), traduzi-los em pensamentos e atribuir aos mesmos um determinado sentido dentro do contexto comunicativo.

Falar de maneira eficiente é como pensar. Exige esforço, técnica e aperfeiçoamento constante. Mesmo que não tenha conseguido expor toda a sua capacidade de comunicação, haverá sempre uma nova oportunidade para fazer melhor. Discursar é sempre desafiador. Com o tempo, e alguma dedicação, passa a ser prazeroso. A autoconfiança é adquirida com a experiência, que vem da vivência, que vem da entrega aos objetivos.

Eloquência ou carisma retórico?

Eloquência é a capacidade de bem falar com expressividade, espontaneamente. A eloquência depende dos gestos, dos sorrisos, das lágrimas; entretanto, sendo principalmente o efeito da palavra, o efeito vivo da inteligência. É o talento de persuadir ou de comover; é um dom natural, cedido por Deus. Muitos estudiosos admitem que nasce com o indivíduo. Diz-se que a eloquência é a *faculdade natural de operar sobre o espírito, o coração e a vontade, por meio da palavra.*

Você pode ser bastante eloquente, mas não dominar a retórica, o que implica em perda de potencial ao falar.

Retórica é a arte da palavra, conjunto de regras relativas à eloquência. Tem o papel de regularizar, ordenar e aperfeiçoar a forma eloquente de comunicar. Platão afirmou que "retórica é a arte de dirigir as mentes dos homens". Diz-se que é arte, por que se trata de um método, de um conjunto de regras determinadas, que, postas em prática, podem dar-nos a habilidade de falar com elegância. Ela é útil ao talento, por que o dirige com segurança aos seus fins, aumentando-lhes o vigor.

Capital Intelectual

Transforme as atitudes de fracasso em boas oportunidades

Todos os dias nos deparamos com pessoas que parecem nunca satisfeitas com a vida. Essas pessoas são carregadas de sentimentos negativos, de si e dos outros. Falam palavras que decompõem o espírito altivo, se autoestrangulam e acabam lançando maldições às outras pessoas. Querer mudar não é uma de suas prioridades. Estão ocupadas demais se martirizando e praguejando a própria vida que levam. Essas pessoas ignoram que, a cada palavra proferida negativamente, abrem nova oportunidade de negatividade. Palavras têm poder e esse poder é inegável. O desestímulo e as crenças limitantes afastam as pessoas:

a) Nunca vou conseguir superar o medo.
b) Sinto-me incompetente diante dos outros.
c) Quem vai querer prestar atenção no que eu digo?
d) Enquanto eu viver jamais farei outra tentativa.
e) Não estou preparado para isso.
f) A maioria sabe mais do que eu...
g) Organização não é o meu forte.
h) O que você fez comigo, outros farão pior com você.
i) Sou assim mesmo, não tem jeito.

Você identificou algumas dessas crenças limitadoras em você ou em alguém próximo? O passo seguinte é reescrevê-las, trocando por crenças fortalecedoras e positivas. Fale com convicção e vigor. Veja como fica e note a diferença, seguindo a mesma ordem:

a) Medo é uma criação da minha mente, posso ignorá-lo e ele desaparecerá.
b) Todos tiveram um começo. Eu começo com algo mais, logo, estou no lucro.
c) Se eu estou à frente do público é por que eu tenho algo a falar.
d) Farei de tudo para não errar. Mas, caso aconteça, terei novas oportunidades.
e) Eu li, compreendi e sou capaz de falar. Sinto-me preparado.
f) Alguns podem até saber, mas sempre direi algo novo para a maioria.
g) Vou me organizar, pois disso depende o meu êxito.
h) Você não agiu corretamente. Procure se corrigir no futuro.
i) Estou aberto às mudanças. Quero melhorar a cada dia.

Pratique a positividade, conheça e fortaleça suas crenças. Essa técnica estimulante pode ser a sua grande arma nos momentos mais difíceis. Problemas existem, a diferença está na forma como os controlamos. Use a emoção com produtividade e não contra você.

Como gesticular sem perder a harmonia

Os gestos fazem parte da expressão corporal, que corresponde a 55% do nosso potencial de comunicação. A atitude e os gestos contribuem para o êxito de comunicador e influenciam o auditório tanto quanto a voz. Por mais nítida e sonora que seja a voz, ela não é suficiente. Os gestos têm de envolvê-la do mesmo modo que quadros e cortinas belas cortinas dão majestosidade a uma sala. Eles contribuem para o êxito do comunicador. Os gestos são como a sombra do pensamento de quem fala. Servem para matizar seus sentimentos.

Sem preparo e conhecimento, os gestos acabam sendo inadequados. Não dizem nada com nada. Foram captados a partir do que vemos nas ruas, nos palanques e na própria convivência familiar. É preferível não gesticular a ter que fazer gestos excessivos ou errados. Em muitos casos os gestos revelam a insegurança do palestrante. Tenha atenção especial com o olhar e a face. As dicas a seguir vão colaborar com o seu desempenho na hora de falar:

O olhar

O olhar é um mecanismo importante na comunicação. Você se sentirá completamente prestigiado se todos estiverem olhando para você. É quase instintivo.

Fale olhando nos olhos do outro, principalmente quando houver poucas pessoas lhe ouvindo. Se você possui dificuldades em encarar o outro, busque fixar o seu olhar entre a base do nariz e as sobrancelhas. Embaçar um pouco a visão também ajuda. Com o tempo, você não se sentirá mais constrangido com a forma de olhar nos olhos.

A face

Na face você encontra o tal "espelho da alma" do palestrante. Se ele estiver sob tensão ou descontraído, interessado ou não por aquilo que está fazendo, logo será denunciado pelos códigos faciais. Por sua vez, ao dominar essa técnica você começa a passar as emoções que quiser e o público acreditará fielmente no que estiver expressando.

Os iniciantes deixam rastros faciais enquanto falam. Vamos conhecer alguns desses sinais e evitá-los. Os hábitos a seguir devem ser trabalhados antes das apresentações:

Capital Intelectual

- Franzir sobrancelhas – indica que a pessoa não está se agradando de algo. Você poderá evitar esse empecilho fazendo uma máscara facial com a clara de ovos. Use a máscara quando estiver ensaiando a sua fala. Assim você terá mais controle.
- Limpar a garganta – para tirar algum excesso de saliva ou por mal costume. Você pode evitar este problema, tão comum, abrindo a boca ao máximo. Em seguida, relaxe o músculo da língua.
- Engolir saliva – pode ser evitado bebendo um generoso copo com água antes da sua fala ou, em casos extremos quando se sentir tenso. Mas o recomendado é não tomar água durante a explanação. O ideal é tomar água após 10 ou 15 minutos. Umedecer os lábios com frequência exagerada. Passe um creme labial ou manteiga de cacau. Para espalhar, aperte os lábios entre si, para penetrar nas pequenas depressões formadas nos lábios.

Há também os gestos involuntários, principalmente para aquelas pessoas que estão sentadas com uma mesa à frente. Normalmente pessoas que já estiveram algumas dezenas de vezes frente ao público e, por isso ficam muito à vontade, deixam gestos errados interferirem em seu comportamento. Evite apoiar o queixo com as mãos, coçar a cabeça, esfregar olhos e nariz. Evite tocar no relógio, anéis e aliança. Tire do bolso e das mãos, canetas e moedas.

Com alguns ajustes comportamentais é possível dar um salto qualitativo em suas apresentações e nos seus relacionamentos. Comprometa-se a fazer perguntas críticas e a não apaixonar-se pelo atual desempenho, você sempre pode melhorar.

24

Segredos para construir uma vida de primeira classe

Quero compartilhar a seguir alguns dos principais segredos para que você tenha uma vida de primeira classe em todas as áreas da sua vida, tenho nos últimos dez anos pesquisado e estudado a vida e as obras de diversas pessoas e empreendedores que obtiveram sucesso em suas vidas, tanto na área pessoal como na carreira e nos negócios

Oswaldo Neto

Oswaldo Neto

Pós-Graduação em Consultoria Empresarial. Coaching ISOR® formado pelo Instituto Holos. Autor do livro: "O Segredo do Sucesso dos Empreendedores do Reino". Líder do Projeto Tsaleah para Jovens Empreendedores. Nasceu na cidade de Campo Grande-MS onde vive com sua esposa Camila. Vindo de uma família de empreendedores, desde sua adolescência se mostrou interessado pelo mundo dos negócios, passando a estudar a vida de vários empreendedores e homens de negócios, tanto do mundo secular como do mundo cristão.

Contatos
www.oswaldoneto.com.br
oswaldoneto@tsaleah.com.br
twitter: OswaldoNeto12
(67) 9295-2812

Oswaldo Neto

Tenho visto ao longo do tempo inúmeras pessoas dotadas de potencial justificarem os seus fracassos e infelicidade com frases como, "eu não tive oportunidade na vida", "eu nunca serei feliz", "eu nasci para sofrer", "minha vida é uma droga" e ficam estagnados nos seus objetivos, ficam anos trabalhando em lugares que odeiam.

Primeiramente quero lhe dizer PARE com isso, PARE de se achar um(a) coitadinho(a), de viver alimentando suas emoções de lixo, você pode, sim, viver uma vida de sucesso e ser feliz, basta mudar sua mentalidade, e absorver alguns princípios que levam ao êxito.

Quero compartilhar a seguir alguns dos principais segredos para que você tenha uma vida de primeira classe em todas as áreas dela. Tenho, nos últimos dez anos, pesquisado e estudado a vida e as obras de diversas pessoas e empreendedores que obtiveram sucesso em suas vidas, tanto na área pessoal como na carreira e nos negócios.

1. Busque Sabedoria

Mas, afinal, o que é sabedoria?

Sabedoria é a capacidade de se relacionar bem com as pessoas e distinguir as diferenças de cada uma. É saber julgar e resolver problemas de forma justa. Sabedoria é criar hábitos de sucesso e colocar em ordem o nosso mundo interior e nossas emoções.

Persiga a sabedoria

Devemos perseguir a sabedoria e fazer dela a base de nossa vida, muitas vezes é preciso buscá-la como se fosse um tesouro escondido. Para encontrar esse tesouro precisamos cavar fundo no solo. Mas isso não se torna árduo, por que procurar a sabedoria é algo muito divertido e prazeroso.

Adquirir sabedoria oferece uma base sólida para que você possa construir sua vida em meio às decepções e desilusões. A sabedoria pode gerar uma vida de sucessos extraordinários. Não é somente adquirir conhecimento, decorar fórmula, etc. A sabedoria é a capacidade de julgar e tomar decisões de forma sábia e prudente respeitando as diferenças de cada um.

Adquirira sabedoria

Ser sábio não acontece de uma hora para a outra, demora um tempo para se construir uma vida moldada pela sabedoria. Sabedoria é a capacidade de resolver problema onde houver um problema, há uma oportunidade, a prosperidade vem quando resolvemos um problema. Descubra quais os problemas você pode resolver, pois, quanto mais difícil, mais você ganhará para resolver,

Capital Intelectual

mas não se esqueça, faça o que você goste, tenha consciência das suas habilidades e afie o seu machado.

Os testes, as provas e os desertos da vida são outra fonte para adquirir sabedoria. Não esmoreça, quando passar por problemas pense como eles podem ensiná-lo e aplique o que aprender em sua vida. A provação gera em nós perseverança.

A sabedoria é transferível

A sabedoria pode ser transferida daqueles que a têm para outros. Você pode adquirir sabedoria estando perto de pessoas sábias e aprendendo com elas. Ouvir mensagens de homens de sucesso, participar de congressos, ler livros e pedir conselho de pessoas sábias.

É muito importante que você invista na sua formação acadêmica, pessoal, profissional. Compre todos os livros que puder da área que quer se tornar sábio e leia. Esteja em palestras, faça cursos, isso também é uma forma de adquirir sabedoria. Muitos não buscam sabedoria, por que requer tempo e diligência para encontrá-la e as pessoas comuns estão sempre cansadas. Preferem o lazer a buscar sabedoria.

A sabedoria é construída em detrimento dos prazeres da carne. O conforto de sua casa, seu sofá e sua novela, do que um banco duro de faculdade. É necessário ter foco para se obter sabedoria, é preciso estudar, ouvir, praticar, reavaliar e começar tudo de novo.

2. Não tenha medo do fracasso

O medo é o principal inimigo do sucesso

Um dos principais inimigos do sucesso é o medo do fracasso. O medo paralisa, faz com que você se torne conformado com a sua situação. O medo de fracassar destrói a criatividade e anula a inovação.

Muitas pessoas são perfeccionistas, vivem atrás de serem aprovadas e elogiadas, querem ser reconhecidas pelas outras, gerando um medo de errar. O medo de errar traz comodismo e estagnação, leva a pessoa a andar em círculos e nunca se arriscar pelos seus objetivos.

Todos nós desejamos alcançar sucesso e realização. Mas, se não existir em nós a confiança necessária e a certeza de que possuímos os recursos internos para realizar, seja o que for que desejemos, nada poderá ser conseguido.

Precisamos de uma dose de coragem, pois muitas pessoas têm capacidades enormes, mas esbarram no medo do fracasso e passam a vida toda imaginando o que aconteceria se elas tivessem tentado. Chegam ao fim da vida reclamando que não tiveram oportunidades, sendo que, na verdade, não se arriscaram diante das oportunidades que se lhes apresentaram no decorrer de suas vidas.

Oswaldo Neto

Os maiores empreendedores da Terra ousaram e deixaram de lado a segurança de um emprego com benefícios em busca da liberdade financeira. A liberdade financeira é diferente de ser rico, você pode ter riquezas e não ter liberdade, viver escravo do trabalho, ser avarento, ter medo de ser roubado e até mesmo esquecer-se da família em detrimento dos seus negócios.

Se você continuar medroso, nunca alcançará nada na vida. Se você tem medo do trânsito, nunca sairá de casa dirigindo. Se tiver medo de falar em público, nunca será um orador, se tem medo de ser rejeitado, nunca será um vendedor etc.

Exemplo de algumas pessoas que venceram o medo do fracasso e tiveram sucesso:

• Bill Gates deixou Harvard antes de se formar para trabalhar com softwares começando numa garagem e fundou a Microsoft;

• Abraham Lincoln fracassou durante 40 anos para ser eleito presidente dos Estados Unidos;

• Samuel Klein dono das Casas Bahia nasceu na Polônia e foi levado prisioneiro a um campo de extermínio nazista durante a Segunda Guerra Mundial, mas conseguiu fugir, tentou imigrar para os Estados Unidos, foi barrado, então veio para o Brasil onde construiu um império;

• Soichiro Honda enfrentou os amigos ao ser ridicularizado e tachado de visionário, quando jovem, abriu sua primeira fábrica que foi bombardeada duas vezes pela guerra e perdeu parte dela, ele não desistiu e reconstruiu sua fábrica, mas um terremoto novamente a arrasa. Imediatamente após a guerra segue-se uma grande escassez de gasolina em todo o país e este homem não pode sair de automóvel nem para comprar comida para a família. Em vez de desistir ele adapta um pequeno motor à sua bicicleta e sai às ruas, criando assim a Honda Motors e a primeira motocicleta, ficou milionário;

• "Despedido por falta de ideias". Essa foi a justificativa de um jornal para demitir Walt Disney;

• "Ele é burro demais para aprender alguma coisa." Esse era o consenso entre os professores de Thomas Edison, inventor da lâmpada entre outras tantas coisas.

Algumas características de pessoas de sucesso

Pessoas de sucesso se arriscam, se você nunca se arrisca, nunca fracassará e também não terá sucesso. Fracasso não significa fim, significa prepare-se melhor e tente de novo.

Pessoas de sucesso sonham alto, não devemos desprezar os pequenos começos, mas isso não pode nos paralisar e nos conformar, devemos seguir adiante. Não faça planos pequenos, sonhe alto.

Capital Intelectual

Pessoas de sucesso são corajosas e sempre buscam superar os obstáculos, elas não têm medo de fracassar e sempre tentam novamente com coragem e ousadia para vencer.

Pessoas de sucesso assumem o controle de suas vidas e mudam de direção, eles ajustam suas atitudes para começar a pensar como vencedores evitam dar desculpas para os seus fracassos.

3. Seja visionário

A visão vem do seu propósito

A visão é o seu propósito refletido em imagens. Descubra o seu propósito aqui na Terra e visualize os seus objetivos sendo realizados e alcance o sucesso. O propósito é a sua missão na vida, é o porquê você existe e pode realizar de forma excelente.

As empresas de sucesso surgem por intermédio de um líder visionário. A visão faz com que os obstáculos sejam suportáveis, e dá força ao cansado. Uma visão bem definida faz você suportar as adversidades, mesmo que as coisas saiam errado você avançará para o alvo.

A visão leva você a liberar o seu potencial para alcançar seus objetivos. O tamanho da sua visão define o tamanho da sua conquista. Você precisa ver no futuro o que quer alcançar e trabalhar diligentemente.

Quando descobre o seu propósito na Terra você recebe sua visão. A visão é comparada aos sonhos, desejos e paixão. Por isso falamos sobre a paixão de Cristo que foi o propósito de salvar o mundo, mesmo tendo que passar pela angústia, tortura, humilhação e ser pregado na cruz como um bandido.

O seu propósito de vida o leva direto a sua visão. Exemplo: se o seu propósito é ser um advogado, sua visão é ser o melhor advogado da sua cidade. A visão determina o tamanho que o seu propósito será. Seu propósito pode ser tornar-se um empresário e a sua visão ser o maior empresário da sua cidade.

O propósito é uma filosofia de vida, mas a visão é algo mensurável, palpável e temporal. Defina sua visão!

Os empreendedores de sucesso que eu conheço são visionários, e para eles a sua visão muitas vezes é mais real do que sua realidade ao redor. Na verdade, sua visão é sua realidade. É como ver o futuro antecipadamente, trazer o futuro para o presente e o presente levar para o futuro. Os visionários veem antecipadamente o seu sucesso antes dos outros, você precisa ver sua casa antes de comprá-la.

A visão torna você persistente

Quando sabe o que realmente quer e consegue visualizar, então, não importa o que aconteça, você nunca desistirá da visão. A persistência em cumprir o nosso propósito de vida vem da visão. A visão o transporta para o futuro, e a falta dela o deixa no passado.

Não importa quantos anos você tenha, ainda dá tempo de definir uma visão para sua vida. Deus vai lhe dar a capacidade de ver o que ninguém mais consegue. Com sua visão bem definida, você terá condições de planejar o seu futuro, traçar metas pessoais, familiares, profissionais e ministeriais com mais precisão e ainda terá uma grande assertividade.

Sua visão vai definir sua rotina, vai determinar com quem anda, irá estabelecer os livros e os assuntos que você lê. Sua visão tem o poder de selecionar tudo ao seu redor. Quer um exemplo? Se a sua visão é ser médico, você entrará para uma universidade de medicina, os assuntos mais interessantes para você serão sobre medicina, quando você estiver em uma roda de conversa, se alguém entrar no assunto relacionado a sua visão, isso irá chamar sua atenção.

A sua visão tem o poder de selecionar a sua rotina diária e de mantê-lo ligado às coisas que ocorrem no mundo. Se isso não acontece com você, é um sinal de que ainda não está no caminho da sua visão. A visão é seletiva. Sua visão abrirá portas. Você será reconhecido pela visão que tem e pela paixão em realizar o seu propósito de vida. Veja hoje o que você terá no futuro.

4. Tenha suas metas bem definidas

O poder das metas estabelecidas

Em seu livro *What They Don't Teach You at Harvard Business School* (O que não é ensinado na Escola de Administração de Harvard), Mark McCormack refere-se a uma pesquisa realizada em Harvard entre 1979 e 1989.

Em 1979, a seguinte pergunta foi feita aos formandos do programa de MBA de Harvard: "Você estabeleceu metas claras, por escrito, para o seu futuro e fez planos para concretizá-las?" Verificou-se que apenas 3% dos formandos tinham escrito planos e metas. 13% efetivamente tinham metas, mas não de forma escrita. E 84% não tinham qualquer meta específica, a não ser terminar o ano letivo e curtir o verão.

Dez anos depois, em 1989, os pesquisadores voltaram a entrevistar as mesmas pessoas. Constataram que os 13% que tinham metas não escritas estavam ganhando em média o dobro dos 84% de estudantes que não tinham meta alguma.

O mais surpreendente foi que os 3% de formandos que tinham metas claras e por escrito, ao deixarem Harvard estavam ganhando em média dez vezes mais que os outros 97% juntos. A única diferença entre os grupos era a clareza das metas que estabeleceram ao se formar.

Uma visão só pode se concretizar através das suas metas esta-

Capital Intelectual

belecidas. Mas o ato de estabelecer metas para alcançar o alvo não é uma tarefa fácil, somente algumas pessoas sabem definir suas metas e dessas pouquíssimas têm por escrito e visualizam diariamente. Meta é um plano de ação para alcançar um alvo e chegar a sua visão, é saber o que eu quero, como e quando vou alcançar.

Ao falhar no estabelecimento de metas, você está se preparando para fracassar, se tem uma visão e um propósito de Deus, não pode aceitar sua situação presente como definitiva, pois é apenas uma fase.

Devemos estabelecer um plano de ação para atingir nossos sonhos e alvos de vida, caso contrário nossa visão morre. A visão requer trabalho para ser estabelecida, e ter um plano de ação é fundamental. Muitas pessoas têm uma visão de serem empreendedoras, mas começam sem um plano de negócios, ou até têm um, mas não o seguem. Pessoas sem metas sucumbem e não chegam a lugar algum.

Mediante o estabelecimento de um programa de metas pode-se esperar o cumprimento da visão. O alvo que é discernido numa visão, leva-nos a traçar metas que permitem o desenvolvimento da visão. As metas promovem entusiasmo, quando se começa a completá-las em direção à visão, isso nos dá um senso de dever cumprido e nos motiva a passar para a próxima etapa.

O estabelecimento de metas define nosso foco e nossas prioridades, isso ajuda na tomada de decisões. As metas nos mantêm focalizados na visão, nos protegendo da distração da vida. Algumas pessoas não têm senso de prioridades. Não sabem falar não para os outros, ao invés de se dedicarem ao seu alvo, assumem compromissos que não queriam e isso atrapalha o processo para cumprir as metas.

Muitas não estabelecem metas por que exigem determinação e disciplina. A disciplina sem uma visão produz escravos, mas a disciplina com um propósito nos faz alcançar a visão.

Para se estabelecer metas que levem ao sucesso é preciso:
• Definir metas para todas as áreas: pessoal, familiar, ministerial e profissional;
• Tê-las por escrito e que estejam em um local onde você possa vê-las diariamente;
• Que comecem do global para o específico;
• Sejam mensuráveis e quantitativas, indicando o tempo que se quer alcançar;
• Que sejam claras, tangíveis e palpáveis;
• Tenha metas de curto, médio e longo prazo.

Lembre-se: sucesso não é sorte e ser feliz é possível!

25

Capital Intelectual

"O que sabemos é uma gota, o que não sabemos é um oceano"
Isaac Newton

Prof. Dr. Carlos Valente

Prof. Dr. Carlos Valente

Doutor (UniBan) em Educação Matemática e Mestre (IPT) em Engenharia de Software. Pós-graduado em Análise de Sistemas (Mackenzie), Administração (Luzwell-SP), e Reengenharia (FGV-SP). Graduado e Licenciado em Matemática. Professor e Pesquisador da Graduação na FMU e Faculdade SUMARÉ. Professor de Pós-graduação (EaD) na ESAB - Escola Superior Aberta do Brasil. Autor de livros em Conectividade Empresarial. Prêmio em E-Learning no Ensino Superior (ABED/Blackboard). Consultor de T.I. em grandes empresas como Sebrae, Senac, Granero, Transvalor etc. Viagens internacionais: EUA, França, Inglaterra, Itália, Portugal, Espanha etc.

Contatos
profvalente@gmail.com
(11) 99393-8588

O mundo moderno sobrecarrega a todos com o excesso de dados e informações. E para descrevermos sobre isso na temática do Capital Intelectual precisamos mencionar a Pirâmide do Conhecimento, ou Hierarquia do Conhecimento (em inglês, Hierarquia **DIKW: D**ata-**I**nformation-**K**nowledge-**W**isdom).

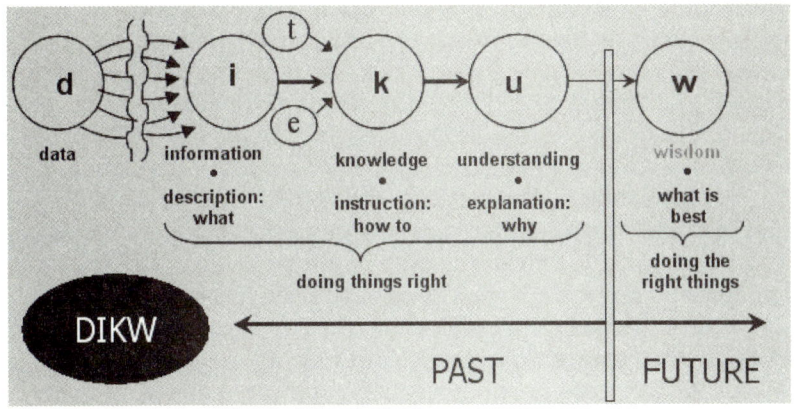

Muitas vezes essa especial pirâmide, creditada normalmente a Ackoff (1989) ou a Tuthil (1990), é confundida com a Hierarquia de Necessidades de Maslow (1962), por ter uma aparência visual análoga, no entanto, com aplicações e finalidades diferentes.

Se observarmos mais atentamente ao esquema do triângulo tridimensional, a seguir, veremos os quatro elementos citados anteriormente da sigla germânica **DIKW**, ou seja, *Data* = Dados, *Information* = Informação, *Knowledge* = Conhecimento e *Wisdom* = Sabedoria.

Analisando essa pirâmide temos que a base é ocupada na sua maior parte da superfície com Dados, e apresenta os níveis a seguir, Informação e Conhecimento, cada vez mais afunilados até chegarmos na Sabedoria. Ou seja, enquanto somos inundados de dados por todos os lados neste mundo cada vez mais tecnológico, pouco resta de absorção ou maturidade para processarmos todo esse volume de dados e informação para convertê-los em sabedoria.

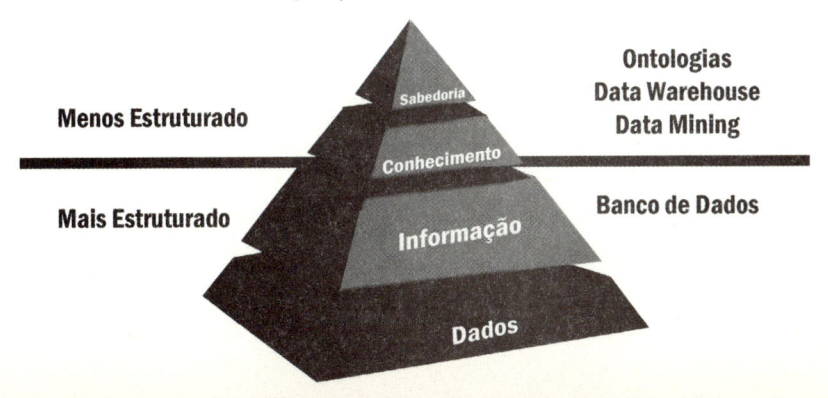

Capital Intelectual

Existe uma antiga poesia do filósofo americano T.S. Eliot (1934) que retrata de forma poética essa realidade: "*Where is the life we have lost in living? Where is the wisdom we have lost in knowledge? Where is the knowledge we have lost in information?*" (Onde está a vida que nós perdemos ao viver? Onde está a sabedoria que nós perdemos no conhecimento? Onde está o conhecimento que perdemos na informação?).

No mundo acadêmico critica-se o uso indiscriminado da internet por causa disso. Enquanto os universitários e alunos estiverem somente navegando na camada de dados, pouco irão extrair de informação e conhecimento. Exige-se que seja seletivo nesse mundo de dados para que se possa, de forma inteligente, obter algo significativo para as nossas vidas.

Vários estudos comprovam que o Q.I. (Quociente da Inteligência) "cai" quando a pessoa fica somente nessa camada de informação. Aplicativos que ficam somente no processo de enviar e receber mensagens são uns dos mais relacionados nesses estudos.

Destaca-se na figura da Pirâmide do Conhecimento a divisão na metade dos elementos da informação. Dessa forma, caracteriza-se que Dados e Informação sejam conceituados como sendo mais estruturados, e por outro lado Conhecimento e Sabedoria como menos estruturados. Se formos mais radicais poderemos afirmar que as duas primeiras camadas pertencem a todos animais em sua sobrevivência diária, mas somente as duas últimas são de domínio exclusivo do ser humano.

Pode-se explicar melhor esse "divisor de águas" observando-se do lado direito as ferramentas de tecnologia associadas a cada uma dessas divisões. Ou seja, os atuais Sistemas Gerenciadores de Banco de Dados (**SGBD**) têm muito mais condições de trabalhar com dados puros e processar informações para a tomada de decisões.

Isso remete aos Mainframes (computadores de grande porte), da década de 50, e que ainda sobrevivem a nossa época. Essa tecnologia era apropriada para processar grande volume de dados. Os governos, grandes bancos e seguradoras abusaram desses recursos técnicos para movimentar números astronômicos pelo mundo.

Para termos uma noção do avanço do processamento de grande volume de dados desse tipo pode-se apresentar o *case* do recenseamento americano. Conforme a orientação da ONU, todos os países, por meio de um acordo internacional para estabelecer padrões, devem realizar o censo a cada dez anos. No entanto, os EUA no censo de 1880 chegou a demorar sete anos para processar todos os dados da sua população. Ou seja, no censo de 1890 havia uma grande preocupação de como iriam trabalhar com tantos dados sem estourar o limite dos dez anos. Não se poderia entrar no próximo recenseamento ainda processando os dados do anterior.

Prof. Dr. Carlos Valente

Para tanto, houve nessa década toda uma comoção popular para se descobrir uma solução técnica para a resolução desse problema governamental. Graças à invenção de Herman Hollerith (1860-1929), que no Brasil ficou sendo conhecido pelas suas máquinas de produção de contracheques de pagamento (holerite), conseguiu atender esse quesito tecnológico e calcular o censo de 1890 em apenas um ano!

Hollerith, que chegou a ser um dos fundadores da grande fabricante de Mainframes – a IBM, com o seu leitor de cartões perfurados e inspirado nos velhos teares, impulsionou os cartões de papel que uma vez perfurados eram lidos velozmente pelos computadores de grande porte. Essa era a época que a área de tecnologia era chamada de **C.P.D.** – Centro de Processamento de DADOS. Pois, basicamente possuíam uma estrutura enorme e cara para poderem processar rapidamente os dados.

Percebe-se que, com essa revolução, podia-se ler grande volume de dados brutos numa velocidade absurda para a época, e produzir informação gerencial estratégica e valiosa. No entanto, com o aumento de poder dos processadores e diminuição de custos de processamento, houve necessidade de extrair mais "leite dessas pedras". Os departamentos que eram responsáveis por tudo isso evoluíram o nome começando a chamar de **T.I.** – Tecnologia da INFORMAÇÃO (ou **I.T.** do inglês *Information Technology*). Não bastava somente produzir informação, precisava transformá-la em conhecimento.

A humanidade chegou a passar por três ondas, conforme Toffler (1992). Nos primórdios da civilização, o poder residia em obter e dominar terras, essa seria a Era Agrícola – a primeira onda. No segundo momento, a revolução veio por meio da Era Industrial que possibilitou transformar a força humana em mecânica multiplicando as possibilidades da humanidade. Um típico representante dessa era revolucionária foi o automóvel.

Para muitos autores vivemos a terceira onda: A Era do Conhecimento. E quem possui ou controla o conhecimento domina o mercado. Exemplos seriam a própria IBM, Microsoft, Oracle (desenvolvedora de Banco de Dados) e assim por diante.

Atualmente talvez tivéssemos que chamar a **Era da Conectividade,** pois temos acesso a dados e informação de qualquer lugar do mundo. Vivenciamos uma verdadeira revolução com a disponibilização da internet para todos. Empresas que controlam essas tecnologias, as **NTIC** – Novas Tecnologias de Informação e Comunicação, sobressaem no mercado, tais como a Apple e o Google. É nesse exato momento que nasce o conceito de Data Warehouse, Data Mining e Ontologias.

Data Warehouse (Data = dados, Ware = termo relacionado à

Capital Intelectual

tecnologia [soft**ware**, hard**ware**], House = casa e Warehouse = armazém), logo, simplificando esse "pomposo" nome, teríamos como significado um grande "Armazém de Dados". Ou seja, enquanto um tradicional Banco de Dados nos propiciava por meio de dados gerar informação, com um "Armazém de Dados", que seria em termos práticos um conjunto de Bancos de Dados, pode-se produzir conhecimento e, oxalá, sabedoria.

Com o uso da tecnologia do Data Warehouse e o Data Mining (que pode-se traduzir como "mineração de dados") chegou-se ao clássico *case* do Walmart. Por meio de vários Bancos de Dados contendo informações de clientes, estoque, vendas e outros mais, consegue-se obter um diferencial competitivo no mercado.

Detectou-se que nas sextas-feiras as vendas de cervejas cresciam na mesma proporção que as de fraldas. Na tentativa de descobrirem como isso era possível imaginaram o cenário do executivo que ao sair do escritório já no último dia útil da semana, telefona para a esposa perguntando se precisa de alguma coisa, e tem como resposta a necessidade de fraldas para os seus filhos. Ao colocarem nos supermercados estrategicamente as fraldas distantes da cerveja, conseguiram aumentar as vendas em mais de 20%. Conclusão: Minerando os dados numa rede de informações obtém-se um conhecimento que resulta em aumento significativo de vendas.

O próprio Google usa do conceito de Ontologia para alavancar os seus negócios. Pode reparar que ao navegarmos pela Web e procurarmos um item para comprar, de repente, todas as páginas começam a fazer propaganda justamente daquele desejo de compra. A técnica da ontologia permite armazenar dados significativos dos usuários de tal forma que vai se criando um perfil todo especial desse consumidor. Apresentar coisas que sejam interessantes, e com grande chances de consumo para esse usuário é o passo a seguir.

Mesmo se existirem palavras semelhantes numa busca pela internet, como a palavra "rede", a ontologia permite descobrir pelo perfil do usuário, se ele está buscando por rede de computadores, por uma rede de pesca, ou ainda se quer adquirir uma simples rede para balançar em seu sítio nas férias.

Foi com muita propriedade que Canhos (1996), com uma devida adaptação nossa, retrata todos esses importantes conceitos, fazendo uma analogia com o mundo oceânico: "Vivemos em oceanos de **dados**, rios de **informação**, lagos de **conhecimento** e gotas de **sabedoria**."

- **OBSERVAÇÃO**
Este trabalho foi baseado na Dissertação de Mestrado intitulada

Prof. Dr. Carlos Valente

"Arcabouço para o Desenvolvimento de Portais Colaborativos", e na Tese de Doutorado com o título "Aplicação dos Conceitos da Inteligência Coletiva no Ensino da Matemática em Curso Superior", do autor deste capítulo.

Referências

ACKOFF, R. L. *From data to wisdom. Journal of Applied Systems Analysis*, Bailrigg, Lancaster: University of Lancaster, v. 16, p. 3-9. 1989.

CANHOS, D.A.L. *Biodiversidade: Sistemas de Informação. Conceito, Infra-estrutura e Política.* (Gerente de Projetos, BDT - Base de Dados Tropical). 1996.

DATA WAREHOUSE. In Wikipedia, The Free Encyclopedia. Retrieved 20:12, February 4, 2013, from http://en.wikipedia.org/w/index.php?title=Data_warehouse&oldid=534780946. (2013, January 25).

DIKW Pyramid. In Wikipedia, The Free Encyclopedia. Retrieved 20:13, February 4, 2013, from http://en.wikipedia.org/w/index.php?title=DIKW_Pyramid&oldid=534288067. (2013, January 22).

MASLOW, A. *Introdução à psicologia do ser.* Rio de Janeiro: Eldorado. 1962.

MINERAÇÃO DE DADOS. In: WIKIPÉDIA, a enciclopédia livre. Flórida: Wikimedia Foundation, 2012. Disponível em: <http://pt.wikipedia.org/w/index.php?title=Minera%C3%A7%C3%A3o_de_dados&oldid=33246601>. Acesso em: 4 fev. 2013.

TUTHIL, G.S. *Knowledge engineering: concepts and practices for knowledge-based systems.* s.l.: Tab Books Inc. 1990.

TOFFLER, A. *A terceira onda.* 18. ed. Rio de Janeiro: Record, 1992.

Capital Intelectual

26

Capital Intelectual
O Diferencial para a
Vantagem Competitiva

Em pleno século XXI, o ser humano recebe um tratamento diferenciado, com o estabelecimento e consolidação da avaliação, distinção e importância do seu capital intelectual, que representa o conjunto de conhecimentos, competências e habilidades essenciais para o desenvolvimento de atividades profissionais e consecução dos objetivos organizacionais. É, certamente, uma vantagem competitiva para as empresas e uma forma de valorização do capital humano

Prof. Me. Pedro Carlos de Carvalho

Prof. Me. Pedro Carlos de Carvalho

Mestre em Administração pelo UNISAL, pós-graduado em Educação a Distância pela UNIP e Graduado em Administração de Empresas pela ESAN – Escola Superior de Administração de Negócios. Professor de Ensino Superior em cursos de graduação, MBA, pós-Graduação e tecnólogos. Editor científico adjunto da RAU – Revista de Administração do UNISAL. Autor dos livros: *Empregabilidade – a competência necessária para o sucesso no novo milênio* (7. ed.); *Administração Mercadológica* (3. ed.); *Recursos Humanos* (1. Edição); *O Programa 5 S e a Qualidade Total* (5. ed.); *A trajetória do Sindicalismo* (1. ed.) e *Administração de Pessoal* (1. ed.) (Editora Alínea de Campinas). Escritor dos livros; *Ser+ Inovador em RH*; *Ser+ com Motivação*; *Ser+ com Coaching*; *Manual Completo de Coaching*; *Ser+ em Gestão de Pessoas*; *Tecnologia em Recursos Humanos*; *Talentos Brasileiros do Secretariado Executivo*; *Manual do Secretariado Executivo* e *E-talentos Humanos*. Palestrante em seminários, conferências, etc., promovidas pela FATEP – Faculdade de Tecnologia de Piracicaba, Metrocamp, UNIP – Universidade Paulista, UNISAL, Faculdade Anhanguera, FACP – Faculdade de Paulínia, Felcom Comunicação, Jr Consultoria, Empresas, etc. Profissional de Recursos Humanos na Ericsson, Philco, Sony, Singer, Alcatel Cabos, Ferronorte e Colocar RH. Diretor da AARC - Associação dos Administradores da Região de Campinas e da ANEFAC – Associação Nacional de Executivos de Finanças, Administração e Contabilidade e diretor executivo da Colocar RH.

Contatos
www.pedro.pro.br
pedrocarvalhorh@yahoo.com.br

Prof. Me. Pedro Carlos de Carvalho

A Revolução Industrial iniciada na Inglaterra no século XVIII provocou grandes transformações na sociedade com o surgimento de novas formas de fabricação, desenvolvimento de produtos, sistemas comerciais e também um novo tipo de trabalhadores.

Segundo Dias (2001, p. 14), nesse período se intensificou a transformação da economia inglesa que passou de predominantemente agrária a uma economia industrial caracterizada pela produção em larga escala e generalização do uso da máquina para reduzir tempos e custos de produção.

Até aquela época, os sistemas produtivos eram desenvolvidos nas casas de ofícios, onde o mestre detinha o conhecimento e admitia aprendizes para o auxílio nas atividades de fabricação de bens, encomendados pelas pessoas.

Huberman (1986, p. 115) destaca que no sistema fabril a produção para um mercado cada vez maior e oscilante, realizada fora de casa, nos edifícios do empregador e sob rigorosa supervisão era a situação dominante naqueles tempos de introdução dos métodos e processos dessa grande revolução.

Afirma ainda que os trabalhadores haviam perdido completamente sua independência. Não possuíam a matéria-prima, como ocorria no sistema de corporações, nem os instrumentos, tal como no sistema doméstico. A habilidade deixou de ser tão importante como antes, devido ao maior uso da máquina. O capital tornou-se mais necessário do que nunca.

O ser humano era tratado como um apêndice da máquina de produção. Não havia a preocupação com sua atuação, participação, geração de ideias e outras possibilidades. Cabia a ele, simplesmente, a obrigação de cumprir as ordens recebidas e a obrigatoriedade de obtenção dos indicadores de produção determinados, independentemente da grande jornada de trabalho diária ou do número crescente de acidentes de trabalho, que envolviam homens, mulheres e crianças, indistintamente.

De conformidade com Carvalho (2011, p. 26), Frederick W. Taylor, engenheiro americano e considerado o pai da administração científica, promoveu grandes transformações no sistema de trabalho operacional através de seus estudos dos tempos e métodos. Aliando-se a essas inovações, Taylor também introduziu um pioneiro sistema de seleção e treinamento de pessoas, dando ênfase à capacidade dos indivíduos na operação de máquinas e na produção com qualidade.

O engenheiro francês Henri Fayol, autor da Teoria Clássica da Administração, desenvolveu um inovador sistema de identificação das áreas de trabalho, denominado de departamentalização, contribuindo para a especialização das pessoas nas atividades desenvolvidas.

Capital Intelectual

George Elton Mayo, na década de 1930, se notabilizou por seus estudos concernentes à atuação do ser humano no trabalho, desenvolvendo pesquisas e experiências para entender a questão motivacional e o relacionamento entre as pessoas em suas atividades profissionais.

De acordo com Montana e Charnov (1993, p. 19), os resultados dos estudos de Mayo revelaram que a produtividade do trabalho estava relacionada às variáveis sociais e psicológicas e ao trabalho em si. Mayo e seus colegas direcionaram a atenção dos administradores aos sentimentos dos trabalhadores como uma fonte de melhoria de produtividade e de sucesso em administração.

Abraham Maslow, na década de 1940, trouxe as ideias sobre as necessidades humanas, elencando questões pertinentes aos desejos e aspirações do ser humano. Ele criou a Teoria das Necessidades Básicas, de onde é possível destacar o enfoque sobre a busca da realização pessoal, com a obrigatoriedade de atenção para a moralidade, criatividade, espontaneidade, solução de problemas, ausência de preconceitos e aceitação dos fatos.

Realização Pessoal: moralidade, criatividade, espontaneidade, solução de problemas, ausência de preconceito, aceitação dos fatos

Estima: autoestima, confiança, conquista, respeito dos outros, respeito aos outros

Amor/Relacionamento: amizade, família, intimidade sexual

Segurança: segurança do corpo, do emprego, de recursos, da moralidade, da família, da saúde, da propriedade

Fisiologia: respiração, comida, água, sexo, sono, homeostase, excreção

As primeiras ideias desses precursores da administração provocaram muitas análises e discussões na sociedade empresarial, convergindo o foco para o ser humano e a importância do incentivo para a obtenção de suas necessidades básicas.

De simples operador de máquinas, o ser humano passou a ser visto e considerado como essencial para o alcance dos indicadores organizacionais.

A década de 1990 foi decisiva para todo o sistema empresarial do mundo. Surgiu a globalização, envolvendo países, empresas e pessoas, derrubando barreiras, exigindo a busca incessante de tecnologia, gestão da qualidade, novas alternativas de comércio, produção, gestão de pessoas e a definitiva consolidação dos sistemas informatizados etc.

Além disso, foram desenvolvidas e introduzidas novas máquinas, equipamentos, softwares, bem como a adoção de sistemas de pneumatização, robotização e automação nas operações produtivas.

O ser humano passou a ser classificado como capital humano. Se antes ele não era tão considerado, e, lamentavelmente, também era visto como despesa ou como um gerador de custos, tornou-se, rapidamente, a essência das atividades organizacionais e extremamente importante para a busca dos indicadores programados para o sucesso empresarial.

Agora, em pleno século XXI, esse capital humano recebe um tratamento diferenciado, com a devida ampliação e imprescindibilidade de sua contribuição organizacional, com o estabelecimento e consolidação da avaliação, distinção e importância do seu capital intelectual, que representa o armazenamento de conhecimentos, competências e habilidades extremamente essenciais para as atividades nas empresas, independentemente dos segmentos de atuação.

Nas organizações, o capital intelectual pode ser localizado em três situações específicas:
- No **Capital humano:** que envolve todo o conhecimento acumulado pelas pessoas, e que é aplicado no desenvolvimento de suas atividades profissionais;
- No **Capital estrutural:** quando são utilizados sistemas específicos para a movimentação do conhecimento organizacional através de computadores, softwares, banco de dados etc.;
- No **Capital de clientes:** que engloba o relacionamento mantido com clientes, com atenção especial para o prestígio e a marca da empresa.

Quando se comenta sobre o Capital Intelectual, vale a pena ressaltar a importância do relacionamento com esses três tipos de capitais.

Como exemplo, é possível destacar uma boa sugestão apresentada pelo capital humano, que sem o apoio do capital estrutural, ou seja, as formas de comunicação, não alcançará seus objetivos. E o capital de clientes sofrerá consequências inimagináveis se o profissional envolvido no relacionamento desconhecer detalhes ou não estiver devidamente atualizado com a tecnologia da empresa, dificultando o fornecimento de informações corretas ou a elucidação de dúvidas.

E como as organizações podem prestigiar, incentivar e contribuir para o desenvolvimento do capital intelectual de seus colaboradores?
- Implantando programas de treinamento consistentes, que

Capital Intelectual

permitam o aperfeiçoamento ou aquisição de conhecimentos, habilidades e capacitação;
- Oferecendo planos de administração de cargos e salários coerentes com as práticas de mercado e com o ambiente interno;
- Implementando programas de benefícios, competentes e suficientes para contribuir nos processos de atração e manutenção dos talentos;
- Atribuindo trabalhos desafiadores aos seus colaboradores, fazendo-os buscar novas alternativas e estratégias de trabalho;
- Premiando o desempenho e a qualidade obtida nos trabalhos respectivos;
- Dando autonomia e poder para o desenvolvimento dos trabalhos;
- Acenando para planos de carreira, de forma a motivar e impulsionar a busca da excelência;
- Incentivando a continuidade dos estudos, com a adoção de bolsas de estudos;
- Implantando cursos de idiomas, para adequação à nova realidade deste mundo globalizado;
- Levando-os a outros países, para o conhecimento de outras culturas profissionais, como fornecedores, clientes, operações da empresa, feiras, exposições etc.;
- Mantendo-se atento aos movimentos do mercado de trabalho, trazendo para suas estratégias organizacionais novas fórmulas de gerenciamento de pessoas, softwares, máquinas e equipamentos;
- Revisando seus programas de formação de líderes, por intermédio do acompanhamento, treinamento, desenvolvimento e atribuição de responsabilidades etc.

E como o Capital Humano deve proceder para obter a melhoria de seu respectivo Capital Intelectual?

- Estudando continuamente;
- Procurando o aperfeiçoamento;
- Observando a execução de trabalhos diferentes;
- Assumindo novas responsabilidades;
- Lendo, cada vez mais e sempre;
- Controlando seus padrões de produtividade e qualidade;
- Colocando-se à disposição para outros trabalhos;
- Integrando grupos de trabalho na empresa;
- Participando de outras atividades na empresa;

Prof. Me. Pedro Carlos de Carvalho

- Buscando melhorias em sua empregabilidade;
- Revisando seu padrão de comunicação verbal e escrita;
- Aperfeiçoando seus conhecimentos de informática;
- Zelando pelas questões atinentes ao relacionamento interpessoal;
- Eliminando excessos em sua apresentação pessoal;
- Praticando seu networking;
- Aprendendo a aprender etc.

Stewart (1998, p. 13) entende que o Capital Intelectual é a soma dos conhecimentos de todos em uma empresa, o que lhe proporciona vantagem competitiva. A matéria intelectual consiste no conjunto de informação, conhecimento, propriedade intelectual e experiência, que é empregada pela organização no desenvolvimento de suas atividades para a consecução dos objetivos pretendidos.

O capital intelectual é, verdadeiramente, um bem intangível, formado pelo capital estrutural, indispensável para a propagação da informação e pelo capital humano, essencial para a operacionalização dos trabalhos em uma empresa.

O capital intelectual se tornou um diferencial para as organizações e às pessoas. Todo aquele que investe em sua autoformação e autocapacitação e busca incessantemente o conhecimento vem recebendo melhor tratamento e a devida atenção do mercado de trabalho, que observa criteriosamente esses critérios, ajustando e desenvolvendo atividades que propiciem o recrutamento, seleção, contratação e manutenção dos talentos, dotados de capital intelectual indispensável às suas operações e a seus planejamentos estratégicos.

O capital humano deve se manter atento a esses movimentos estudando, trabalhando e conquistando, cada vez mais, a melhoria de seu capital intelectual para a obtenção de uma significativa participação nesse mercado de trabalho cada vez mais exigente e carente de talentos.

Conforme estabelece Drucker (1964, p. 16), o futuro não será feito amanhã; está sendo forjado hoje e, em grande parte, pelas decisões e ações tomadas com respeito às tarefas de hoje. Inversamente, o que está sendo feito para realizar o futuro afeta diretamente o presente. As tarefas são justapostas. Exigem uma estratégia unificada. Do contrário, não podem realmente ser executadas.

Referências

CARVALHO, P. C. de. *Empregabilidade – a competência necessária para o sucesso no novo milênio*. 7. ed. Campinas: Alínea, 2011.

DIAS, R. *Sociologia & Administração*. 2. ed. Campinas: Alínea, 2001.

DRUCKER, P. F. *Administração Lucrativa*. 5. ed. Rio de Janeiro: Zahar Editores, 1964.

Capital Intelectual

HUBERMAN, L. *História da Riqueza do Homem*. 21. ed. Rio de Janeiro: LTC, 1986.
MONTANA, P. J.; CHARNOV, B. H. *Administração*. 3. ed. São Paulo: Saraiva, 1999.
STEWART, T. A. *Capital Intelectual – a nova vantagem competitiva das empresas*. 10. ed. Rio de Janeiro: Campus, 1998.

27

Autonomia

"Não importa o que fizeram de nós. O que importa
é o que faremos daquilo que fizeram de nós".

Ricardo Salzano

Ricardo Salzano

Administrador Escolar, pós-graduado em Psicopedagogia, com especialização em Psicologia do Desenvolvimento. Pós-graduado, em Gestão de Pessoas e Ambiente de Trabalho pela Fundação Getulio Vargas, Sociólogo, Consultor Educacional e Empresarial e Coach Executivo. Educador com atuação no Ensino Superior nas áreas de Administração e Publicidade; Coach certificado pelo ICI – International Association of Coaching Institutes; Master em Programação Neurolinguística; Analista em Assessment DISC pela Inscape Publishing – EUA; Analista Transacional Certificado da UNAT BRASIL. Há mais de trinta anos dedica-se à Formação Humana e Desenvolvimento Pessoal e Profissional por meio de palestras, cursos e treinamentos para profissionais de diversos setores, em especial líderes e gestores em todo o país. Diretor da Human Behavior Training – Consultoria e Treinamento em Desenvolvimento Humano. Consultor da CAE – Centro de Atendimento à Empresa e Escola.

Contatos
www.hbtraining.com.br
rsalzano@hbtraining.com.br
(11) 5579-1815

Ricardo Salzano

Uma das mais realizantes consequências de nos tornamos adultos é a possibilidade que se abre – se tudo transcorrer eficazmente em nossa formação e desenvolvimento – de nos transformarmos em seres livres e autônomos. **A AUTONOMIA** é a resultante natural de um crescimento e desenvolvimento sadios e equilibrados. Se a criança for bem estimulada, amada e respeitada, exercitada em suas múltiplas inteligências, receber um seguro quadro de valores e uma educação, tanto informal – aquela que vem do lar e do universo adulto que a cerca – quanto formal – a educação acadêmica – sólida e contemporânea, no sentido de ser preparada para o momento atual em que vive - provavelmente resultará em um indivíduo adulto equilibrado e autônomo.

Porém, se recorrermos à nossa experiência dos ambientes que nos cercam, familiar, social e principalmente do ambiente profissional – afinal de contas é o ambiente onde a maioria de nós passa a maior parte de seu tempo – iremos perceber que não é tão simples assim encontrar pessoas equilibradas, seguras, autônomas.

A raiz da palavra autonomia vem do grego e significa autogoverno, governar-se a si próprio. Segundo o filósofo alemão Immanuel Kant, ter autonomia é poder escolher por si mesmo o seu modo de vida e as suas convicções, independentemente do modo de vida ou das convicções alheias.

Podemos definir uma pessoa autônoma como aquela que tem a capacidade de fazer escolhas e conduzir suas próprias ações, de decidir e agir independente dos outros. Um indivíduo com capacidade de ser considerado autor de suas próprias ações.

Não se nasce autônomo, pelo contrário, nascemos totalmente dependentes, num estágio conhecido como **ANOMIA** e que dura apenas os primeiros anos da infância. Mas certamente é possível e necessário construir nossa autonomia.

Muitas pessoas, por conta das experiências que viveram, especialmente na infância, por causa de crenças limitantes que assumiram de seus pais ou de adultos que as cercavam e por força de uma educação paternalista, manipuladora, muitas vezes castradora, recebida dos pais e/ou da escola, acabam por se tornar pseudoadultos, isto é, amadurecem o físico e as sensações, alcançam a maioridade legal que lhes dá a cidadania plena, recebem o direito de ir e vir sem a necessidade de tutela de ninguém, ingressam no mercado de trabalho, tornam-se produtivos e produtores de riqueza, alcançam independência financeira, porém ainda imaturos em muitos aspectos, inseguros, dependentes. Estacionam em maior ou menor grau num estado conhecido como **HETERONOMIA**, que é justamente o longo caminho a ser percorrido

Capital Intelectual

entre a dependência e a independência, anomia e a autonomia.

Essas pessoas geralmente crescem e amadurecem diversos aspectos de sua personalidade, mas outros tantos, por inúmeras e diferentes razões, ficam como que estacionados em algum ponto desse caminho, dessa trajetória, entre a dependência total da criança e a autonomia completa do adulto.

Muitos dependem do estímulo constante das pessoas para caminharem nessa vida e realizarem alguma coisa; outros dependem do reconhecimento e da aprovação constantes dos que os cercam para sentirem-se seguros e atuarem em seus ambientes, principalmente no profissional; outros dependem do apoio a suas ideias e pensamentos para se sentirem confiantes de manifestá-los em rodas de amigos ou reuniões de trabalho; outros precisam estar sempre certos e terem suas vontades atendidas, de outra forma não "brincam mais", saem de campo, abandonam o jogo; outros necessitam que acordem com tudo o que propõem ou desejam, e caso sejam contrariados "abrem um berreiro" onde quer que seja, como as crianças que fazem pirraça na porta do mercado por que a mãe não lhes comprou o brinquedo ou o doce. Há os que dependem de que alguém escolha por eles, pois não são capazes de decidirem por si só; há os que dependem de ter o seu poder reconhecido a todo instante, de outra maneira irão prová-lo de forma agressiva e inescrupulosa. E por aí vai.

Tenho certeza que nesse momento veio à sua mente outros exemplos, outros tantos nomes de pessoas que, apesar de adultas, agem com imaturidade e dependência em muitas situações de sua vida.

A pessoa dependente, não autônoma, torna-se facilmente manipulável, pois sua necessidade acaba transformando-se em moeda de troca. Basta alguém entregar-lhe aquilo que necessita, aquilo do qual depende e ela ficará completamente em suas mãos.

O poder

Muitas vezes, somos nós próprios os responsáveis pelas nossas dependências. Se prestar atenção, verá que muitas pessoas passam boa parte de suas vidas distribuindo generosamente poder ao outro, terminando por se tornarem escravos do próprio poder que entregaram. Poder de ser irritado, poder de ser desafiado, poder de ser humilhado, de sentir-se frustrado, de sentir-se intimidado ou diminuído.

Na verdade, não é o outro que o irrita, e sim é você que se permite ser irritado pelo outro. Não é o outro que o desafia, mas sim você que se permite ser desafiado pelo outro. Não é o outro que o humilha, que o frustra, que o intimida ou diminui, e sim você que se permite ser humilhado, frustrado, intimidado ou diminuído.

Por mais que você diga ou faça, se eu não quiser, você não conseguirá jamais me irritar. Por mais que tente, se eu não quiser, jamais irá me humilhar, ou intimidar, ou diminuir. Isso é uma questão de escolha pessoal.

Lembro certa vez em um treinamento que ministrava a um grupo do serviço público, em que uma profissional, assim que chegou, pôs-se a reclamar e a criticar absolutamente tudo de forma irritada e grosseira. E quando entramos na sala para iniciarmos os trabalhos do dia, sentou-se na primeira fileira, à minha frente, cruzou as pernas sobre a cadeira, pegou um livro, e começou a lê-lo, permanecendo assim durante todo o dia. Naquele momento em que percebi a atitude daquela profissional eu precisei fazer uma escolha: ou acreditar que ela tinha algum motivo particular para agir assim, e que certamente não seria eu pois sequer a conhecia, consequentemente não seria pessoal, ou eu me deixaria provocar, me deixaria irritar, passaria o dia inteiro incomodado com aquela situação, o que certamente comprometeria todo o meu trabalho e seu resultado. Escolhi o primeiro caminho e no final de tudo, foi a própria profissional que se expôs, recebendo a censura e crítica dos seus colegas, muito dos quais vieram até mim para se desculpar em seu nome ao final do dia. Saí crescido da situação e meu estômago me agradeceu muito. Foi uma escolha pessoal.

Pessoas autônomas fazem suas próprias escolhas. Não ficam à mercê de seus impulsos ou da limitação das pessoas com quem convivem ou se relacionam. Pessoas autônomas escolhem o que querem pensar – *redefinição* – escolhem o que querem sentir – *inteligência emocional* – e por fim escolhem como querem se comportar – *autocontrole*. Tudo se torna mais simples, mais prazeroso, mais produtivo e mais eficaz. E sem a menor necessidade de castigar seu estômago. Acreditem, ele também irá agradecê-lo.

O autoconhecimento

O ideal de maturidade de todo o ser humano é a autonomia, isso é, ser independente dos outros para pensar, sentir e agir. Uma condição primária, e talvez a mais importante para se atingir a autonomia é o autoconhecimento. O filósofo grego Sócrates (470 aC – 399aC) transformou quase em um mantra uma frase encontrada nos pórticos do Oráculo de Delfos, um dos mais importantes templos religiosos da antiga Grécia: ***"Gnõthi Seauton"*** – "Conhece-te a ti mesmo".

Retornemos à reflexão sobre a educação que recebemos. Nossa educação de casa e da família – educação informal – não estimula o autoconhecimento. Não somos acostumados a avaliar-nos, a olhar

Capital Intelectual

para nós mesmos, a pensar sobre nossas ações, nossos comportamentos e seu impacto no mundo que nos rodeia. A maioria de nós não conhece suas características individuais, suas forças naturais, seu "torque". Muitas vezes se superestimam ou subestimam por que não se conhecem verdadeiramente, não se veem como realmente são.

Nossa educação escolar – educação formal – também não nos prepara para o autoconhecimento. Apresenta apenas o homem físico, das ciências biológicas e muito pouco o homem espiritual, em sua dimensão emocional e psicológica. Acabamos por aprender sobre nós com a vida e da maneira mais complicada e mais dolorida.

Conhecimento é poder. A história da humanidade já cansou de demonstrar isso. Quanto maior o seu conhecimento sobre um assunto, uma tecnologia, uma situação, maior será o seu poder sobre eles. O mesmo acontece nos relacionamentos, quanto maior o seu conhecimento do outro – companheiro, filho, amigo, chefe – maior será o seu poder sobre eles. E a recíproca também é verdadeira, quanto mais o outro o conhece, mais poder ele tem sobre você.

Ora, se quanto maior o conhecimento que se tem de uma pessoa, maior o poder exercido sobre ela, quanto mais eu me conhecer, tanto maior será o meu poder sobre mim mesmo, sobre meus pensamentos, sobre meus sentimentos e sobre o meu comportamento. Isso acontece numa proporção direta: maior conhecimento, maior poder. E isso é profundamente libertador, eu com total domínio sobre mim mesmo.

Portanto, ninguém deverá conhecê-lo mais do que você mesmo para que o poder sobre você esteja completamente em suas mãos e não nas mãos do outro. Você completamente dono e responsável por si mesmo, emancipado, autônomo.

Autogestão

Cada vez mais a sociedade contemporânea tem chamado o ser humano a ser gestor de si próprio. É a grande revolução dessa virada de século, uma revolução social, onde cada um de nós é chamado a ser dono de si, de seu destino. E isso não é um mal, pelo contrário, é sinal de evolução, de amadurecimento do ser humano e suas relações.

Isso tem se dado principalmente e de uma maneira muito particular no ambiente profissional. Cada vez mais as empresas têm colocado a responsabilidade pelo crescimento e desenvolvimento de seus colaboradores nas mãos deles próprios: cada profissional é responsável pelo seu próprio crescimento e desenvolvimento, é responsável por ser cada vez mais e melhor. É a busca da excelência dos produtos e serviços, através da excelência de cada ser humano envolvido no processo. Esse é o maior capital da empresa moderna e aquilo que as empresas mais têm se esforçado por trair.

Em tempos de tantas mudanças sociais e culturais, as empresas têm corrido atrás do tempo para adaptarem-se a essa nova realidade e continuarem competitivas. Mudança e adaptação são as palavras de ordem. E os profissionais, os colaboradores estão enfrentando o desafio quase que diuturno de lidarem com essas mudanças, absorverem essas mudanças e adaptarem-se a elas o mais rapidamente possível.

A empresa não tem tempo – e nem paciência - para ficar esperando que seus colaboradores cresçam e se desenvolvam através de suas estratégias de treinamento e desenvolvimento de pessoas. Ela espera e conta que o profissional assuma a responsabilidade por seu crescimento, através de ações e caminhos que propiciem o seu desenvolvimento e aperfeiçoamento constantes, tanto na dimensão técnica, quanto na dimensão socio-relacional.

Pessoas autônomas são comprometidas com o autodesenvolvimento. Sabem que estão num constante processo de aperfeiçoamento, num *continuum* ser mais. O profissional autônomo é protagonista de sua trajetória profissional, responsabilizando-se pelos rumos de sua carreira e pelo seu constante desenvolvimento.

Lembrando Sartre

Uma das frases mais conhecidas do filósofo existencialista francês Jean Paul Sartre é a seguinte;

> "Não importa o que fizeram de nós. O que importa
> é o que faremos daquilo que fizeram de nós".

O ideal de maturidade de todo o ser humano é a autonomia e esse caminho não é tão longo assim e nem tão complexo como muitos podem pensar. Prender-se ao passado justificando seu comportamento na história de sua vida não leva a nada. O que se precisa, isso sim, é uma decisão: eu quero crescer, quero ser livre, independente, autônomo. A decisão é uma escolha que a gente faz, neste caso, uma escolha de mudança comportamental. Ninguém pode mudar o seu comportamento por você. Somente você é capaz de descobrir os motivos que tem para alterar seu comportamento. Portanto, a motivação é sua.

Conhecer-se mais, avaliar-se constantemente, escutar com atenção e perceber como os que estão à sua volta o veem, conscientizar-se daquilo que é, das forças que tem para utilizá-las a seu favor, ter uma atitude flexível em relação aos outros, principalmente aos que

Capital Intelectual

são, pensam e agem diferente de você, pois ser diferente não é pior nem melhor, é apenas diferente, procurar conhecer um pouco mais a natureza humana, as relações interpessoais, refletir sobre suas experiências, retirar seus aprendizados, conscientizar-se daquilo que acontece com você, com os que estão a sua volta, com o mundo e, principalmente, responsabilizar-se totalmente pelo que você é e pelo que está buscando ser, tudo isso são caminhos para o amadurecimento, a independência e a autonomia.

Por fim, o mesmo Sartre ainda diz:

"Todos nós estamos condenados a ser livres".

28

Enriqueça a Matrix do seu Capital Intelectual

O conhecimento humano é uma expressão usada para toda a experiência humana adquirida até o momento. É a soma de todos os pensamentos, criações e invenções da mente humana.

Para se ter uma dimensão exata do conhecimento humano, é preciso considerar que ele está em constante expansão, desde o início da humanidade e tem aspectos filosóficos e científicos a serem considerados para a apreensão de seu conceito.
"Só o conhecimento traz o poder!" (Freud)

Rodney Melo

Rodney Melo

COACH ESPECIALISTA - BUSINESS AND EXECUTIVE COACHING e PROFESSIONAL & SELF COACHING pelo IBC - Instituto Brasileiro de Coaching, e ICI – International Association of Coaching - Institutes (EUA), ECA – European Coaching Association (Alemanha/Suiça), GCC – Global Coaching Community (Alemanha) e Metaforun International. Também é Analista Comportamental e Leader Coaching Training – ambos pela; Behavioral Coaching Institute, Graduado em Administração de Empresas, Consultor Empresarial, Coautor, Facilitador e Palestrante, Especialista na área de Vendas e Carreira, Atualmente é CEO da: FOCOACHING – Centro de Capacitação e Treinamento Desenvolvimento Humano e Empresarial Ltda. Localizadas em Manaus-AM.

Contatos
www.focoaching.com.br
atendimento@focoaching.com.br / rodneymelo@yahoo.com.br
www.facebook.com/focoaching
Skype: rodneymello
(92) 3877-2571 / (92) 8162-4928

Rodney Melo

Seria maravilhoso adquirir um conhecimento ou habilidade no apertar da tecla ENTER, como na trilogia do Filme "Matrix" em que todos os atores recebem conhecimentos por meio de uma espécie de plugue USB. Eles solicitam ao "Operador" uma determinada informação e o mesmo localiza em seu servidor de dados altamente enriquecido e descarrega em suas mentes em fração de segundos... Bem, como disse antes, seria maravilhoso! Mas, hoje isso não acontece, pode ser que num futuro um pouco distante cheguemos a interligar nossos cérebros a computadores, mas não desanime, por que também de uma forma mais natural você pode sim, enriquecê-lo, tornando-o poderoso. Como já sabemos, nosso cérebro é um músculo e precisamos exercitá-lo para que se desenvolva. Mas estamos falando de capital intelectual, antigamente as pessoas contribuíam e representavam apenas seus braços. Ninguém poderia colocar no trabalho um elemento que hoje se tornou o "sonho" de qualquer empresa, "o cérebro".

Tudo isso foi traduzido no magnífico filme de Charles Chaplin *"Tempos Modernos"*, o próprio nome do filme é um sarcasmo por que de moderno não tinha nada. Como pode ser moderno uma pessoa desenvolver certa atividade que sequer sabia o que era e para que estava desenvolvendo?

O desenvolvimento do capital mais procurado pelas empresas era reservado apenas aos escolhidos, a uma meia dúzia de pessoas que podia ter acesso à leitura, ao ensino e, consequentemente, adquirir conhecimento desenvolvendo seu capital intelectual.

Felizmente aqueles tempos ficaram para trás. Hoje as empresas querem contribuições cerebrais de seus colaboradores, esse sim é o único capital que faz a diferença nas organizações, o conhecimento, o capital intelectual. Não podemos deixar de considerar que ainda existem empresas que não o valorizam.

Cabe então a você, que deseja alcançar algum sucesso na vida e nas empresas, desenvolver esse capital, desenvolver seu conhecimento. Nesse sentido, nunca houve ou foram oferecidas tantas oportunidades de ensino e aprendizado.

O ensino hoje, bem ou mal está universalizado. Qualquer um pode ter acesso a ele. Porém, acho que nunca as pessoas estiveram tão alheias a essa necessidade. São poucas as pessoas que estão dispostas a dedicar parte de seu tempo para estudar, ler, participar de congressos, palestras, ler bons livros e editoriais, utilizar eficientemente as maiores ferramentas de difusão do conhecimento disponíveis, a internet e a televisão.

Por outro lado, as empresas têm que buscar esse capital "escasso" para elas. As companhias são estimuladas a contratar "os melhores profissionais", motivá-los, desenvolvê-los e, principalmente, retê-los. Atualmente, muitas pessoas estão se organizando para desenvolver e

Capital Intelectual

compartilhar o conhecimento, produzir experiências dinâmicas e depois compartilhá-las utilizando as redes sociais e a internet.

Esse fenômeno pode ser descrito como economia da colaboração, em que milhões e bilhões de agentes conectam-se e criam valor juntos.

Paralelamente, existem muitas pessoas que escolhem o oposto. Preferem se esconder nas "baladas", festas, nos passeios, dormem literalmente o tempo todo e acabam sendo apenas 'mais um' no ambiente corporativo.

Não sabem escrever, e o pior, não sabem pensar e assim vivem mesmo nos dias atuais como se estivessem vivendo no passado, naquele tempo em que as pessoas significavam apenas braços para as empresas. E quando são questionadas sobre os estudos, preferem dizer que não o fazem por que não têm tempo.

Afinal de contas, o que é ter tempo? Será que realmente não o temos ou o estamos utilizando de maneira errada? O tempo é uma das poucas coisas que são universais e que nos fazem iguais.

O dia tem 24 horas. Vejamos quantas horas desse dia nós ocupamos. Considerando uma pessoa normal: 7 horas de sono, 2 horas de almoço, 8 horas de trabalho, total: 17 horas.

E nas outras 7 horas restantes? O que você faz com elas?

O lado cômico disso tudo é que algumas dessas pessoas ainda se acham no direito de reclamar algum direito. Utilizam-se de frases como: "vocês nunca me deram oportunidades!", ou, "todo mundo nessa empresa é promovido menos eu!", e assim acabam colocando a culpa de seus fracassos nos outros.

O conhecimento tornou-se o principal ingrediente do que produzimos, fazemos, compramos e vendemos. Resultado: administrá-lo – encontrar e estimular o capital intelectual, armazená-lo, vendê-lo e compartilhá-lo – tornou-se a tarefa econômica mais importante dos indivíduos, das empresas e dos países. O capital intelectual constitui a matéria intelectual – conhecimento, informação, propriedade intelectual, experiência – que pode ser utilizada para gerar riqueza.

Uma vez que o descobrimos e o exploramos, somos vitoriosos. A gerência dos ativos intelectuais se tornou a tarefa mais importante dos negócios porque o conhecimento tornou-se o fator mais importante da produção. O capital Intelectual é a soma do conhecimento de todos em uma empresa, o que lhe proporciona vantagem competitiva.

Avaliação de desempenho, uma forma de gerenciar seu capital intelectual

Todas as empresas avaliam seus funcionários, mas a maneira como isso é feito é preocupante, uma vez que a grande maioria utiliza métodos informais para avaliar pessoas, desenvolver líderes, reter talentos e planejar sucessão de cargos estratégicos. A verdade é que sem uma avaliação bem feita fica impossível qualquer empresa gerenciar corretamente seu capital intelectual. Além do que, a companhia fica mais suscetível a cometer erros na gestão de pessoas, seja com a perda de talentos ou com a promoção de pessoas menos capacitadas para cargos estratégicos.

O certo seria que a empresa criasse um método de avaliação baseado em metas claras e diretrizes. Utilizando ferramentas que permitem conclusões mais assertivas e tomada de decisões baseadas em resultados e não em impressões pessoais individualizadas.

A falta de uma avaliação melhor embasada para capacitar pessoas faz com que o futuro de muitas companhias e carreiras possam estar em risco. É necessário, então, que as empresas passem a levar a sério o desafio de gerir e manter pessoas talentosas, levando em consideração um cenário cada vez mais competitivo.

É preciso identificar os talentos de cada profissional, agrupá-los nas áreas estratégicas da empresa e envolvê-los com a estratégia do grupo por meio de um plano de carreira atrativo.

Entendendo melhor o que as empresas ganhariam com a implementação de uma avaliação completa dos funcionários:

- Mais assertividade nos processos seletivos.
- Eficiência para definir como atrair, reter e treinar.
- Priorização de ações que tragam resultados de curto prazo.
- Dados precisos sobre a equipe para decisões em caso de expansão.
- Meritocracia, além de pessoas mais capacitadas.

Aplicando na prática:

Realize uma auditoria de conhecimento. Poucas empresas e pessoas sabem do conhecimento que possuem – porque ele é limitado a poucos, ou simplesmente negligenciado. Uma auditoria de conhecimento revelará a extensão, profundidade e localização do conhecimento de uma pessoa ou organização. Ela tem três elementos centrais:
- Definir qual é o patrimônio de conhecimento existente – em especial informações ou habilidades que são difíceis ou de substituição clara;
- Localizar o patrimônio: quem mantém ou "possui";
- Classificá-lo, e avaliar como ele se relaciona com outros patrimônios. Isso revelará oportunidades em outros setores da organização.

Capital Intelectual

- **Aumente seu conhecimento em áreas fundamentais.** Isso pode ser feito de três formas: comprar, aluguel (contratando consultores, por exemplo) ou desenvolvimento com o treinamento.
- **Mantenha o conhecimento.** Lacunas de conhecimento tornam uma organização mais vulnerável à concorrência. Especialização e experiência perdidas após uma "redução" e a erosão da tradicional fidelidade dos funcionários destacam a necessidade urgente de coletar, codificar e estocar a experiência e o conhecimento tácito das pessoas.

Já mencionamos em outras oportunidades o quanto o capital intelectual é importante. O desafio agora está em descobrir o que é e como aumentá-lo. O trabalho de Quinn examina o conceito e grande parte desse trabalho pode ser sintetizado a partir de uma fórmula: Capital intelectual = Competência x Comprometimento.

Essa equação sugere que a competência geral do funcionário pode aumentar, mas a competência, por si só, não assegura o capital intelectual. Empresas com alta competência, mas baixo comprometimento, podem possuir funcionários talentosos, mas que não estão suficientemente engajados com o trabalho e com a organização. Empresas com alto grau de comprometimento, mais baixa competência, podem ter funcionários muito comprometidos, mas que não executam suas tarefas por falta de competências.

Os dois são perigosos. O capital intelectual requer tanto competência quanto comprometimento. Uma vez que essa equação envolve uma multiplicação e não uma soma, uma contagem baixa de competência ou de comprometimento, reduz significativamente o capital intelectual geral.

Segundo Dave Ulrich, competência e comprometimento podem ser avaliados em diversos níveis, de acordo com a empresa, a unidade ou pessoa. Uma cadeia de restaurantes com vários estabelecimentos, por exemplo, pode avaliar o capital intelectual de cada um deles usando como medida a média do nível de habilidade dos funcionários (competências) multiplicado pelo índice médio de retenção de funcionários (comprometimento). Esse índice de capital intelectual pode prever com confiabilidade outros efeitos positivos no restaurante, como lealdade do cliente, produtividade e lucratividade.

Oito passos para você desenvolver sua sabedoria e seu conhecimento e, consequentemente, seu capital intelectual

1º passo: AUTOCONHECIMENTO

Procure saber mais sobre você, como realmente é na sua vida e no seu trabalho, seus pontos fortes e pontos que precisam melhorar, suas habilidades e competências, melhor área de atuação, influência no ambiente de trabalho, forma de tomada de decisão, como se comporta em situações sob pressão, a sua liderança. Minha empresa dispõe deste Perfil comportamental (*focoaching assessment) para identificar o seu perfil predominante, existem quatro perfis na modalidade DISC: comunicador, executor, planejador e analista. E mais de 30 informações inerentes a seu comportamento, perfil este totalmente voltado para a cultura Brasileira e com o menor custo benefício do país, atestado pela UFMG, homologado pelo Ministério de Ciências e Tecnologia, entre em contato e nos solicite uma apresentação que o ajudaremos.

2º passo: aprenda coisas novas diariamente

Procure aprender algo novo, uma palavra diferente, um novo jeito de fazer algo que sempre faz, uma pequena mudança de hábito, ou seja, comece a ter o hábito de aprender sempre mais a cada novo dia.

3º passo: relacione tudo o que aprendeu

Pare para refletir em todo conhecimento adquirido no final do dia, faça uma lista de seus aprendizados, por mais simples que eles possam parecer. Isso ajudará você a tomar consciência da sua evolução diária.

4º passo: se atente ao aprendizado que pode ter com as pessoas

Preste mais atenção em suas conversas cotidianas. Já parou para pensar o que está aprendendo com as pessoas a sua volta? Comece a verificar tudo de novo que tem aprendido, especialmente com os exemplos e comportamentos de pessoas próximas.

5º passo: ouça sem julgar e mantenha a mente a aberta

Observe de qual forma se relaciona com as outras pessoas, você se abre para novas opiniões, novos pontos de vista sem julgar? Desenvolver essa habilidade é essencial para absorver novos conhecimentos e compreender mais sobre o mundo e pessoas.

6º passo: seja mais curioso e pesquise para sanar suas dúvidas

Ser curioso é muito bom para o seu aprendizado. Adquira o hábito de se interessar pelas coisas e saber como funcionam? Por que são da forma que são? Tudo mais que permita agregar mais conhecimento.

7º passo: procure novas formas de aprender

O conhecimento pode ser adquirido de diversas maneiras, por meio de palestras, treinamentos e cursos de longa ou curta duração. Portanto, basta que escolha entre tantas formas a que mais esteja de acordo com seu objetivo e perfil.

Capital Intelectual

8º passo: desenvolva uma visão sistemática
Utilize todos os outros passos para descobrir como aumentar seu crescimento e bem-estar, bem como para desenvolver sua sabedoria e conhecimento e também contribuir ao alcance dos seus objetivos.

De que lado você está? Das pessoas comuns ou extraordinárias? James C.Hunter, autor do bestseller "O monge e o executivo"'diz que "A vida é feita de escolhas". Qual lado escolheu? Se não fez a sua escolha ainda, corra, ainda dá tempo! Mas lembre-se, para se alcançar o sucesso é preciso AGIR! Esteja preparado para enfrentar muito sacrifício, por que "sucesso é sacrifício". Pense nisso, sucesso!

*Focoaching Assessment, teste de perfil comportamental aplicado de forma online, mapeia habilidades e competências.

29

Fuja da Zona de Conforto - tomando CHA

Devemos – diariamente – tomar uma boa dose de CHA. Ou seja, estamos falando de Conhecimento, Habilidade e Atitude. Três importantes passos que não podem ser deixados de lado

Salatiel Soares Diniz

Salatiel Soares Diniz

Graduou-se em Psicologia no ano de 1994 pela Faculdade de Ciências Humanas de Olinda – FACHO. Fez especialização em Arteterapia (2001) pela Clínica Pomar – RJ. Pós-graduação em Gestão de Pessoas, pela Faculdade Luso-Brasileira (FALUB). Atualmente cursando a Pós em Gestão em Educação e Criatividade, pelo CINTEP - PB. Psicólogo Clínico, Professor em cursos técnicos de RH e Administração, Palestrante e Autor dos livros: Vivendo e Aprendendo com Jesus, uma questão de bom senso, publicado pelo Clube dos Autores (www.clubedeautores.com.br); e Gestão de Pessoas, novos tempos, novos paradigmas, Editora Viena, São Paulo 2013. Colunista nos portais: Administradores.com e Portal da Educação. Membro da Renovare Consultoria.

Contatos
www.clipsisalatielsoares.blogspot.com.br
www.salatielsoares.goldenbiz.com.br
www.facebook.com/salatielsoaresdiniz.palestrante
salatiel.psi@gmail.com
(83) 9833-5851
(83) 8882-7568

Salatiel Soares Diniz

Normalmente quando falo – ou escuto – esta frase: zona de conforto costumo me lembrar do livro Quem mexeu no meu queijo, do Spencer Johnson.

Entendo que só há duas formas de nos colocarmos diante da vida: uma é não conformar-se com o trivial e procurar estudar e pesquisar novas estratégias e a outra é conformar-se com o imediatismo e ficar na zona de conforto. Não buscar novos nichos de mercado, não procurar se atualizar, não buscar novos conhecimentos. Viver às margens da revolução tecnológica e intelectual.

Uma frase que costumava ouvir, quando criança, e nunca me acostumei com ela, muito pelo contrário, até criticava era: ah, a vida é assim mesmo; ou, estou como Deus quer e permite. Não acredito que a vida seja desencontros e desacertos. O próprio Jesus Cristo nos disse – no Livro Sagrado - que veio para que tivéssemos uma vida em abundância.

Mas o que muita gente não consegue entender é que temos um mundo incomensurável dentro de nós mesmos: a nossa mente. O nosso capital intelectual.

Venho de uma geração em que nos foi ensinado que deveríamos nos conformar com pouco e que sonhar era errado. Nunca acreditei nisto.

Hoje, mais do que nunca, enquanto estudioso do comportamento humano, percebo que devemos – diariamente – tomarmos uma boa dose de CHA. Ou seja, estamos falando de Conhecimento, Habilidade e Atitude. Três importantes passos que não se pode deixar de lado.

O profissional do século XXI precisa buscar e aprimorar o seu conhecimento, amadurecer as suas habilidades e não ter medo de ousar. Não fazer o que todo mundo faz, pois isto não lhe faz diferente em nada dos demais.

Entendo que ser diferente é agir com excelência naquilo que se faz. Ou, se preferirem, fazer com tesão.

Lembro-me de uma palestra que fiz em Maragogi – AL, sobre Gestão de Talentos, quando em um dado momento da palestra eu falava exatamente sobre isto: fazer as coisas com tesão; e, claro, naquele momento eu fazia uma alusão a relação sexual e perguntava: imagina uma relação sexual sem tesão. É impressionante como as pessoas reagem quando falamos em relação sexual. Creiam, a alusão é por demais pertinente. Fazer as coisas com prazer é fazer com paixão, dar-se por inteiro e permitir-se ao gozo. Sentir-se realizado.

Este CHA de que vos falo será sua senha de acesso ao sucesso pessoal e profissional. Mas é bom lembrar que isoladamente, qualquer uma das funções, de nada adianta. CONHECIMENTO se adquire nos livros, em cursos, palestras, workshop, seminários e fóruns, mas não tem serventia senão é utilizado com primazia. Estamos falando

Capital Intelectual

da capacidade de por em prática tudo aquilo que se aprendeu no caminhar da vida; estamos falando de HABILIDADE. É preciso que o profissional coloque em ação, em movimento, os seus conhecimentos. Por exemplo, que serventia tem você graduar-se ou pós-graduar-se e não por em prática o que aprendeu. Não obstante, faz-se necessário que se tenha a coragem para agir. Precisa-se de ATITUDE. Agir, por-se à prova e ter a coragem de descobrir a cada novo dia coisas novas e melhorar aquelas que já conhecem. Agir com excelência. Por exemplo, quantos profissionais existem em vendas? Mas quantos atendem com primazia? Quantos se preocupam verdadeiramente com o bem-estar do cliente e não apenas com a comissão que vai receber, proveniente daquela venda? Esquecendo-se que uma venda só se concretiza quando o cliente retorna para uma nova compra, porque se sentiu bem atendido, acolhido.

Portanto, pare de ter medo de arriscar-se e invista em você. Não seja um sabotador de você mesmo, impedindo que as suas habilidades se atrofiem e, por falta de atitude, você se impeça de crescer, amadurecer e prosperar. Saia da zona de conforto quebre a casca do ovo e aventure-se ao mundo do sucesso pessoal, profissional e espiritual. Você é a única pessoa capaz de fazer isto por você. Saia da zona de conforto e permita-se a uma boa dose de CHA. Só você pode fazer isto por você mesmo. Seja ousado, confie em você, habilite-se diariamente ao sucesso. Procure alavancar a sua vida profissional, por exemplo, participando de palestras, cursos presenciais e on-line, leia bons livros, artigos, jornais e revistas; participe das redes sociais de forma inteligente e aumente, qualitativamente, a sua network. Cresça e seja um vencedor.

30

O capital humano na composição do capital intelectual

Na dinâmica das organizações brasileiras tem aumentado o grau de importância e os investimentos em seus intangíveis. O capital intelectual tem ocupado posição relevante neste contexto. Embora nem sempre mensurado pelos empreendedores, intensifica-se o uso deste atributo pela maioria para ampliar sua competitividade no mercado. Considero o principal ativo na composição do capital intelectual o capital humano. É a minha experiência na carreira profissional, empresarial e de empreendedora social que compartilho no presente artigo para legitimar este ponto de vista

Sueli Batista

Sueli Batista

Jornalista, empreendedora social e empresária. MBA em Terceiro Setor e Políticas Públicas. Diretora da Studio Press Comunicação, Jornal Rosa Choque e Instituto EcoGente - Desenvolvimento Humano e Responsabilidade Socioambiental. Assessora de Comunicação do Sistema Fecomércio/Sesc e Senac-MT. Presidente da Federação das Associações de Mulheres de Negócios e Profissionais - BPW Brasil – Gestão 2011 - 2013. Primeira presidente da BPW Cuiabá - 2001 - 2006. Membro do Conselho Nacional dos Direitos da Mulher - CNDM - 2010-2013. Membro do Comitê de Comunicação da Confederação Nacional do Comércio - CNC - período 2010-2012. Membro do Comitê Gestor Executivo Nacional do Prêmio Sebrae Mulher de Negócios, 2011-2013. Dentre as premiações que já recebeu, constam: "O Diploma Mulher Cidadã Bertha Lutz" – o maior reconhecimento à cidadania entregue pelo Senado Federal e a "Cruz do Mérito Empreendedor Juscelino Kubitscheck", no grau de comendadora. Autora de livros com foco na memória empresarial e cultural.

Sueli Batista

Há mais de 20 anos tenho acompanhado de perto dois lados das relações estabelecidas em ambientes corporativos. Estou no mercado de trabalho desde o início da década de 70. No final dos anos 80, entretanto, passei a, concomitantemente, a ingressar no mercado empresarial. Assisti as quebras de paradigmas e diversas mudanças no sistema de gestão. Na década de 90 comecei a perceber um movimento intensificando-se no que tange ao interesse por ações estratégicas inteligentes no ambiente empresarial, visando o aumento de sua riqueza, levando-se em conta os investimentos nos conhecimentos tácito e explícito do seu corpo de colaboradores, além da aplicação de recursos em inovação, no melhor posicionamento das suas marcas e no uso da tecnologia de informação. Compreendi a partir de experiências próprias, que na era da globalização as fontes de renda de uma empresa já não poderiam ser contabilizadas apenas por seus fluxos financeiros, mas também pelo capital intelectual.

Minha participação no mercado empresarial e de trabalho, deu-me know-how, principalmente em uma área especializada do jornalismo, a assessoria em comunicação. Quando eu estudava jornalismo, um professor da disciplina de Comunicação Empresarial me disse que eu teria muito êxito nesta atividade pelo meu desempenho escolar. Isso foi motivador e eu procurei estudar e pesquisar com mais profundidade sobre o assunto e quando surgiu uma oportunidade de colocar em prática, não hesitei em mudar minha trajetória, saindo das redações de jornais. No ano de 1987 tive praticamente a primeira experiência relevante no referido ramo, implantando a assessoria de comunicação do Sistema Federação do Comércio de Bens Serviços e Turismo do Estado de Mato Grosso-Fecomércio/Sesc e Senac-MT. Já em 1988 eu fundava a Studio Press Comunicação e Editora Ltda.

Tudo ainda era muito novo, e o estágio do desenvolvimento do serviço de assessoria de imprensa em Mato Grosso engatinhava. Materializei conhecimento advindo de pesquisas. Fui de forma gradativa criando metodologia de trabalho própria e acabei fazendo escola, quando não havia faculdade de comunicação em Mato Grosso. Com o tempo deixei evidente o meu diferencial na área onde meu pioneirismo, enquanto empresária, é tido como marco referencial em Cuiabá.

Muitos profissionais que hoje atuam em assessoria de imprensa em Mato Grosso foram estagiários ou profissionais na minha empresa ou na instituição em que sou gestora. Minha atuação profissional me conduziu para a academia, fui uma das primeiras professoras de jornalismo e publicidade na Universidade Federal de Mato Grosso-UFMT, em Cuiabá. Na época disse ao coordenador da Faculdade de Comunicação, Rui Ibanez, que não podia aceitar, por não ter experiência na área didática, e obtive

Capital Intelectual

como resposta que eu estava concentrando meu conhecimento e era preciso naquela oportunidade disseminá-lo para a formação de futuros profissionais. Evidente que, depois disso, não tive como rejeitar. Um ano depois fui contratada também para integrar o corpo docente de uma faculdade particular na cidade de Várzea Grande, que é separada da capital mato-grossense apenas pelo rio Cuiabá. Senti a necessidade de ampliar meus conhecimentos pedagógicos, percebia que somente a prática não me dava subsídios suficientes como docente. Fiz pós-graduação em Metodologia e Didática do Ensino Superior, não sentindo assim que eu estava professora, mas que realmente eu era professora.

Valorização do próprio capital humano
Quando abri a Studio Press Comunicação e Editora Ltda, o negócio vinha ao encontro de um importante nicho, por ter no seu *business plan* a área de assessoria de imprensa. Eu tinha como certo o sucesso da agência, assim como a certeza de que o capital financeiro seria de extrema importância, pois julgava que só o meu conhecimento na área de jornalismo, aliado a pouca experiência nas áreas administrativa e comercial, não seriam suficientes para que eu entrasse num mercado de pouca concorrência, na época.

Não demorou para eu encontrar um sócio, para injetar o recurso necessário. Ele já era empresário na área da indústria gráfica. Ofereceu para a constituição da empresa dependências físicas, máquinas, equipamentos e garantias financeiras para a contratação da equipe, e colocação dos primeiros produtos no mercado. Por eu ter entrado apenas com o projeto, teria 20% do capital social. A Studio Press foi fundada com o foco principal de ser agência de assessoria de imprensa, mas também atuaria em publicidade e propaganda, editora de livros, jornais e promoção de eventos.

Percebi no primeiro ano da Studio Press que os meus interesses e os do meu sócio eram incompatíveis, então propus romper a sociedade. Só queria ficar com o nome da empresa, e seu registro na Junta Comercial, abri mão dos demais bens materiais oriundos dos investimentos financeiros. Ele aceitou e resolveu continuar com o mesmo plano de negócio, mantendo a estrutura empresarial com outro nome.

Como eu poderia explicar a volta ao começo, já que julgava ser o capital financeiro fundamental para o negócio? Para explicar o que ocorreu, eu diria que passei a confiar que o capital intangível teria mais força no mercado, em relação ao tangível, ao contrário da época de implantação, que aceitei apenas 20% pela ideia.

Em março de 2013, a Studio Press completou 25 anos, está muito longe do risco da mortalidade e eu detenho a maior parte do seu capital social. Para legitimar ainda mais que o meu pensamento estava correto, vale dizer que em menos de três anos a nova empresa do meu ex-sócio estava fora do mercado. Eu me orgulho porque não mantive concorrência desleal com ele, por nenhum momento, pois comecei a gerir o negócio quase que no sistema home office, utilizando por um curto período de tempo uma das salas de minha casa; uma das minhas colaboradoras passou a ter um pequeno percentual na sociedade da empresa e ajudou na formação de uma nova carteira de clientes, nenhum ligado à fase anterior.

Novos cenários se desenhavam a partir dos anos 90, a tecnologia da informação e das telecomunicações contribuíram para a globalização econômica, e para mudanças significativas no ambiente corporativo. O mercado começou a ficar mais exigente, e eu cada vez mais fascinada pelo novo. A tecnologia contribuiu para que eu desenvolvesse novos métodos de trabalho e habilidades. Tive que maximizar mais uma vez o meu conhecimento, sempre considerei que o aprendizado deve ser contínuo.

Em 1997, minha empresa foi pioneira em colocar um produto jornalístico na internet, em Mato Grosso. Criei o Jornal Rosa Choque, uma publicação segmentada de periodicidade mensal, dirigido às mulheres, o primeiro no gênero em nível regional. Para a surpresa do mercado, o produto entrou na era online, antes mesmo dos jornais diários.

O Jornal Diário de Cuiabá publicou um encarte na época com o título "A Força Rosa na WEB", destacando o pioneirismo na matéria principal. Num dos trechos o jornalista disse: "Para o desespero dos machões de plantão, este site nada mais, nada menos é do que o primeiro jornal de Mato Grosso a entrar na internet. Isso mesmo meu caro, uma publicação voltada para o público feminino e produzida por uma equipe de cinco, adivinhe, só mulheres, foi a pioneira no mundo virtual em nosso estado". Considero que o sucesso foi na realidade reflexo do conhecimento que busquei, no tempo em que iniciava-se em nível local a comunicação virtual.

No mesmo ano teve outro acontecimento importante na empresa, o ingresso de Mariza Bazo, que a princípio tinha expertise na área comercial, e ajudou na implantação do Jornal Rosa Choque, depois tornou-se sócia, e formou-se em jornalismo e marketing. Hoje ela é responsável da parte executiva do empreendimento, e também da nova empresa, Instituto EcoGente – Desenvolvimento Humano e Responsabilidade Socioambiental Ltda, que nasceu em agosto de 2010, a partir de uma das atividades da área de Relações Públicas da Studio Press, que também foi pioneira em consultoria e elaboração de projetos voltados à cidadania empresarial em Mato Grosso.

Capital Intelectual

O reconhecimento do capital humano

Em minha carreira profissional acredito que vivo uma experiência singular, que atribuo o êxito pela valorização do meu capital humano na gestão do Sistema Fecomércio/Sesc e Senac-MT. Quando eu tinha 15 anos de atuação na instituição, num treinamento com gestores de Comunicação do Sesc de todo o Brasil, um dos facilitadores, o jornalista da GloboNews, Sidney Rezende disse que quem trabalha há mais de 10 anos numa mesma organização virava dinossauro. Imediatamente discordei, e mostrei como era a minha forma de gestão. Mostrei um dos produtos que havia criado, com o qual conquistei, pela inovação, premiação nacional, concedido pela Associação Brasileira de Comunicação Empresarial-Aberje. Rezende sorriu e disse que teria que rever este conceito.

O título de dinossauro na minha atividade profissional de jornalista está longe do meu foco. Quando estava para completar 25 anos no Sistema Fecomércio/Sesc e Senac-MT, eu fui convidada para ser a coordenadora da região centro-oeste, na primeira formação do Comitê de Comunicação da Confederação Nacional do Comércio-CNC, que priorizou profissionais com expertise para auxiliar na implantação do seu sistema de comunicação integrada. Acredito que enquanto eu for motivada pelo reconhecimento do corpo executivo da instituição a permanecer no cargo de assessora de comunicação, e tiver autonomia e flexibilidade, o meu conhecimento e o meu entusiasmo serão potencializados e ampliarei ainda mais os canais de interlocução, de forma muito positiva, com seus stakeholders.

A doação do capital humano

Além das atividades que resultam em ganhos financeiros, ainda sobra tempo para doar meu capital humano. Sou empreendedora social, e há 11 anos atuo, como voluntária, em gestão da ONG Feminina BPW- Business Professional Women, traduzindo: Mulheres de Negócios e Profissionais. Em maio de 2011 assumi a presidência da BPW Brasil. Conquistei o mais alto cargo nacional à frente de uma organização, que em nível internacional está presente em cerca de 100 países, simplesmente por oferecer o meu conhecimento acima do que se esperava de uma gestora.

Ao fundar em Cuiabá uma associação da rede BPW, procurei tornar sua estrutura sustentável, e isso serviu de base para ampliar meus conhecimentos na própria gestão de ONG. Quando presidente da organização em nível local, realizamos in company com a Universidade Cândido Mendes, do Rio de Janeiro, o primeiro MBA em Terceiro Setor e Políticas Públicas, e fui uma das estudantes, aprendendo muito no campo de responsabilidade social e de gestão e desenvolvimento de projetos.

Com aperfeiçoamento técnico, eu que já atuava com pioneirismo na área de responsabilidade social, vislumbrei várias possibilidades de ampliar mercado. Depois do MBA, fui facilitadora no Projeto Formatos Brasil, do Senac Nacional, em Cuiabá, que dentre outros objetivos tinha a formação de atores sociais. Ministrei nacionalmente e internacionalmente várias palestras e oficinas. Prestei consultoria, contribuindo com a disseminação da cidadania empresarial. A experiência adquirida me levou também a fundar a empresa Instituto EcoGente, que começa a sair de seu risco de mortalidade por completar três anos de mercado. Por outro lado, entretanto, o que considero como mais fascinante das conquistas e do reconhecimento dos meus diferenciais, via tributos do conhecimento em terceiro setor e políticas públicas, foi contribuir para tornar a BPW uma organização mais estratégica na sua forma de gestão, e no estabelecimento de suas parcerias em níveis governamental e não governamental. Um case de sucesso, neste sentido, vale ser citado.

Em 2004, quando o presidente Lula instituiu o Ano da Mulher no Brasil, a presidência da BPW Brasil era comandada por Ana Luiza Gonçalves, e eu solicitei uma audiência com a ministra Nilcéa Freire, através da primeira vice-presidente e coordenadora do Comitê de Projetos da organização, Íria Martins, para falar sobre políticas públicas e dizer que o Programa Fome Zero tinha eixos estruturais que se fossem bem trabalhados poderiam contribuir para o empreendedorismo feminino, na geração de negócios e acesso ao crédito. Acompanhada do estafe da nossa organização, uma vez que minha atuação na época era local, eu disse que as mulheres que ali estavam ofereciam o capital intelectual da BPW para ajudar na construção de projetos e ações dentro dos focos sugeridos para a autonomia econômica e empoderamento feminino inclusive no que tangia a inclusão social.

O resultado da audiência foi altamente positivo. Estabeleceu-se em menos de três meses uma parceria entre o Sebrae Nacional, SPM e BPW Brasil para uma das maiores iniciativas no país referente ao empreendedorismo feminino. O Prêmio Sebrae Mulher de Negócios foi originado da referida parceria, que possibilitou ainda a assinatura de diversos termos de cooperação técnica, via convênios, (assinados nas gestões das presidentes: Beatriz Fett – 2005/2008 e Arlete Zago -2008/2011, das quais participei respectivamente como segunda vice-presidente e primeira vice-presidente), para o desenvolvimento de projetos voltados à educação empreendedora e para a autonomia econômica da mulher, que foram executados em várias partes do país, com recursos da SPM e contrapartida das BPWs de cada cidade. Em Cuiabá eu criei, na época, via convênio o Projeto Mulher Ativa e Empreendedora, o qual também contou com parcerias locais que foram fidelizadas, inclusive do Sebrae Mato Grosso. Em 2009 criei e fui gestora responsável do

Capital Intelectual

Projeto Gênero, Inclusão Tecnológica e Autonomia Econômica da Mulher, que fez parte do Programa Trabalho e Empreendedorismo da Mulher, do Governo Federal através da SPM, e realizado por dois anos em Pernambuco. Fui inclusive uma das redatoras da cartilha Igualdade de Gênero, Políticas Públicas, Empreendedorismo e Educação Financeira, que subsidiou os cursos destas temáticas no referido programa, que foi coordenado pelo Instituto Brasileiro de Administração Municipal-IBAM. Em 2011, na qualidade de presidente da BPW Brasil passei a fazer parte do Comitê Executivo Gestor do Prêmio Sebrae Mulher de Negócios. Inclusive acompanhando a missão internacional que faz parte da premiação, que após dois anos de lançamento, passou a contar também com a parceria da Fundação Nacional da Qualidade-FNQ.

Digo, com toda certeza que sem ter me aperfeiçoado e compreendido sobre o universo do terceiro setor e das políticas públicas dificilmente eu solicitaria uma audiência com a ministra Nilcéa Freire. Não teria informações sobre eixos estruturais e muito menos compartilharia do meu conhecimento em uma publicação especializada. O aprendizado nos dá autonomia, nos empodera ao ponto de propor mudanças, e estabelecer alianças estratégicas.

Capital humano um agregador de valores

Hoje, ao contrário de 25 anos atrás, contabilizo significativos bens materiais, mas não consigo mensurar se estes sobressaem ou não em relação aos ativos incorpóreos. O que sei na realidade é que não consigo operacionalizar meus negócios sem os tangíveis, e nem tampouco sem os intangíveis. É uma matemática realmente complicada. De um lado os imóveis, os móveis, os equipamentos... Do outro lado, as pessoas comprometidas que conseguimos reter e que contribuem com seus talentos e experiências para o sucesso da empresa, os investimentos em treinamentos, as marcas que registramos, o portfólio de trabalho que desenvolvemos, os clientes que fidelizamos, os prêmios que recebemos e as nossas boas práticas sociais, que vão além das nossas obrigações legais.

Reconheço que medir todos os bens atribuídos como ativos nos negócios para a comparabilidade dos resultados em relação às empresas concorrentes seja importante, e mais do que isso, um grande desafio. As fórmulas existem, e já estão sendo disseminadas, a exemplo da VAIC – *Value Added Intellectual Coefficient*, traduzida por Coeficiente Intelectual de Valor Adicionado, mas nem todos, assim como eu, priorizam a utilização nas suas avaliações.

Enquanto os métodos de mensuração de valor não são aplicados nos empreendimentos em que estou à frente, prefiro manter a convicção de que o capital humano é o principal ativo do capital intelectual e que este, por sua vez, é o que mais tem agregado valor aos produtos e serviços que oferecemos ao mercado.

31

A força magnífica que brota das ideias

Com a existência de novas tecnologias e serviços, o capital intelectual é reconhecido como um patrimônio de alto valor, pois as empresas necessitam adequar-se a uma nova realidade, onde o conhecimento torna-se um recurso econômico essencial

Vininha F. Carvalho

Vininha F. Carvalho

Jornalista, administradora de empresas, economista e ambientalista. Coordena editorias de Turismo e Meio Ambiente em veículos da mídia impressa e eletrônica. Editora do Portal Revista Ecotour e presidente da Fundação Animal Livre. Diretora de Marketing da Rede Del Valle de Hotéis. Reconhecimento da Assembleia Legislativa de São Paulo pelo trabalho desenvolvido na Revista Ecotour. Recebeu o Voto de Louvor do Conselho Regional de Medicina Veterinária do Estado de São Paulo pelo trabalho desenvolvido em prol do bem-estar animal. A Revista Ecotour participou do evento realizado pela Câmara de Comércio, em Salvador, por ocasião da Festa do Brasil 500 anos, sendo o veículo de Turismo oferecido às autoridades presentes, inclusive aos representantes estrangeiros. A Força Aérea Brasileira concedeu-lhe a Comenda de Membro Honorário da Força Aérea Brasileira.

Contatos
www.revistaecotour.com.br
www.animalivre.org.br
vininha@vininha.com

Vininha F. Carvalho

Os grandes feitos da humanidade são gestados nas ideias. Do capital intelectual originam-se as ideias. Delas podem surgir invenções caracterizadas por sua aplicação de caráter técnico, social ou econômico nas mais diversas áreas de atividades. Essas aplicações, bem exploradas, podem trazer enormes ganhos econômicos e sociais.

As ideias são como as sementes, necessitam de um terreno fértil para prosperar. As partes visíveis dessa planta gerada, o tronco, os galhos e as folhas, representam a atividade conforme é vista na sociedade. O fruto produzido caracteriza o sucesso obtido. As raízes, massa que está abaixo da superfície, representa o valor oculto, as mentes que atuaram para a sua concretização. Para que as sementes floresçam e produzam bons frutos, precisa ser alimentadas por raízes fortes e sadias, sendo assim, para obter sucesso, os empreendimentos precisam ser cultivados por pessoas criativas e competentes.

O principal componente envolvido no capital intelectual é o conhecimento. As informações exploradas de forma inteligente trazem em si a capacidade de revolucionar a empresa ou a sociedade, a capacidade de geração de novos valores e os processos produtivos inovadores caracterizam essa iniciativa. Na empresa, o conhecimento é visto como um ativo corporativo que deve ser gerido como outros ativos mais tangíveis, por meio da definição de princípios, processos e infraestrutura. O capital intelectual tem essa característica por estar associado à capacidade humana de criação e de realização de inovações a partir da criatividade.

Com o mercado cada vez mais exigente, a mais nova fonte de recursos das empresas, o capital intelectual despertou a necessidade de investir cada vez mais em recursos humanos, acrescentando em seu capital o conhecimento, originado através do investimento em pessoas qualificadas.

Com a existência de novas tecnologias e serviços, o capital intelectual é reconhecido como um patrimônio de alto valor, pois as empresas necessitam adequar-se a uma nova realidade, em que o conhecimento torna-se um recurso econômico muito mais essencial do que a matéria-prima, e muitas vezes mais do que o capital econômico. Com isso, pode-se observar a importância das pessoas nas organizações. O ser humano torna-se um diferencial competitivo para as empresas, por meio do intelecto das pessoas que nela atuam, representando o conjunto de informações e conhecimentos encontrados nas organizações, agregando ao produto e/ou serviços valores mediante a aplicação da inteligência.

O capital intelectual possui o intuito de facilitar o aprendizado para estimular a criatividade, desenvolvendo a capacidade individual

Capital Intelectual

e do grupo, e obtendo vantagem competitiva para as empresas que estão destinando a devida importância a esse novo capital.

A necessidade de extrair o máximo de valor do conhecimento organizacional é maior agora do que no passado. O capital intelectual, desde patentes e habilidades da equipe até a relação com os clientes, é um recurso obtido exclusivamente dos seres humanos que desenvolvem seu potencial, gerando conhecimento e inovando os objetivos das organizações, transformados em benefícios para as organizações e seus acionistas / proprietários.

Para atingir tal propósito, deve ser estabelecido um programa definido com metas claras. A empresa deve saber diferenciar os tipos de funcionários, pois alguns são ativos importantíssimos e outros são apenas custos, muitas vezes de grande valor. Por isso necessita-se fazer essa diferenciação para descobrir quem é quem. A disposição desses colaboradores para participar, oferecer novas ideias e aprender novas tarefas. A grande chave do sucesso de uma empresa é ajudar seus funcionários a conduzirem seus talentos na busca de um excelente desempenho.

O capital humano é aquele incorporado nas pessoas que possuem talentos para criação de produtos e serviços de qualidade, com o intuito de atrair clientes e satisfazê-los da melhor maneira possível.

O líder, como parte do grupo, precisará ter capacidade de coordenar os esforços de todos em perfeita harmonia. Conhecimento é poder no mundo tradicional dos negócios. A questão é que não se deve reter o conhecimento, e sim difundi-lo, pois quanto mais informações são compartilhadas, maior será o retorno. Deverá ter habilidade para tomar decisões, pois como diz o ditado, "o rio atinge os objetivos, pois aprendeu a contornar os obstáculos". É necessário se preparar tanto para os momentos de glória, sucesso e fartura, como para os momentos de fracasso e infortúnio, para não deixar que nenhum desses domine os pensamentos, sentimentos, palavras e ações. É preciso ter sabedoria para tirar proveito dos erros e fracassos, que fazem parte do caminho e do aprendizado. É fundamental ter persistência e concentração, investir em pensamentos e esforços sobre uma determinada missão, até vê-la realizada, alterando o curso se julgar necessário, ouvindo os outros para juntos escolher o melhor caminho. Ter tolerância sem condescendência ou licenciosidade.

Cada vez mais, líderes e consultores de empresas falam do conhecimento como o principal ativo das organizações e como a chave da vantagem competitiva sustentável. A competitividade das organizações passou a ser determinada pelas ideias, experiências, descobertas e especialização que conseguem gerar e difundir. Esse capital humano é composto pelo conhecimento, expertise, poder de inovação e habilidade dos empregados, além dos valores, cultura e a filosofia da empresa. Talento é a essência da pessoa, o que compreende seus pensamentos e sentimentos. Nenhum talento é igual a outro. As pessoas são diferentes e todos os tipos de talentos são importantes. A questão é encontrar a pessoa certa, com o talento certo, para realizar a tarefa certa. Conhecimento e habilidades podem ser ensinados, transferidos de uma pessoa para outra.

Quando o conhecimento deixa de pertencer à esfera individual e passa a pertencer à esfera organizacional, sob a forma de conhecimento coletivo, passa a ser designado capital estrutural. Inclui equipamentos de informática, softwares, banco de dados, manuais de procedimentos, patentes, marcas registradas e tudo o mais que apóia a produtividade dos empregados. Esse salto é decisivo para facilitar, ao capital, ofensivas em direção à precarização do trabalho.

O maior capital de qualquer país, independente da região ou empresa, seja esta última de qualquer setor econômico ou ramo de atividade, é o capital intelectual. No momento em que o capital intelectual transforma-se em dinheiro, surge o capital do cliente, e é extremamente importante para as empresas que exista uma gerência desse capital. Caracteriza-se pela lealdade dos clientes à marca da empresa, sendo que esta deve conhecer as necessidades deles e, antecipadamente, buscar atender suas expectativas. Os investimentos no capital do cliente devem ser realizados em conjunto com os clientes, ocasionando benefício para ambos no que se refere às informações e conhecimentos gerados.

A busca incessante por prêmios e reconhecimentos poderá afastar as pessoas das ações e metas necessárias para atingir o propósito do capital intelectual, mas também, não podemos permitir que as "pragas" tentem destruir a "semente", representada pela ideia inovadora, porque ela é fruto de um trabalho sério, transparente e que merece ser respeitado.

Existem algumas maneiras de proteção do capital intelectual para garantir sua exploração de forma lícita e sustentável, servindo como estímulo à criação intelectual e à invenção industrializável ao permitir que estas se tornem um investimento, cujos retornos sejam assegurados contra o risco da exploração indevida. A propriedade intelectual foi o meio concebido para tal. Ela está ligada à gestão do capital intelectual por meio de um conjunto de direitos cujo fim é dar proteção à criação humana resultante da atividade intelectual, passíveis de exploração econômica.

O capital intelectual também está presente e faz a diferença no terceiro setor. Indignação, compaixão e persistência se combinam para

Capital Intelectual

gestar ideias, transformá-las em projetos e impulsioná-las em ação.

Foi esse o ponto de partida para a criação do Dia Nacional de Adotar um Animal, a ser comemorado no dia 4 de outubro. É fascinante esse processo de acreditar na força de uma ideia e não desistir de trilhar um caminho, apesar das críticas, das resistências e dos obstáculos a serem enfrentados. Essa ação incentiva a reflexão mais profunda sobre o direito dos animais, alertando sobre o sofrimento que aflige os animais abandonados e promove a adoção responsável, permitindo que muitos animais encontrem um lar.

O Dia Nacional de Adotar um Animal foi criado para as pessoas idealistas e construtivas. A data foi idealizada por mim para semear a paz, valorizando os princípios e valores pregados pelo padroeiro da Causa Animal, São Francisco de Assis.

Adotar um animal exige responsabilidade do dono e um compromisso com a vida desse ser indefeso. E, se não for possível adotar um animal, pode-se contribuir com boas ideias e trabalho voluntário, fortalecendo a luta contra as atitudes que desrespeitam o direito dos animais. Nunca é tarde para tomar a decisão de entrar na corrente do bem, que está precisando de milhões de adeptos.

Essa data se tornou um grande evento nacional, comemorado pelo 13º ano consecutivo em 2012, no qual a sociedade se mobiliza para discutir o assunto, provocando um questionamento, disseminando informações corretas, acabando com preconceitos sobre a adoção de animais abandonados.

A causa dos animais conquistou novos espaços nos mais diferentes segmentos. O estímulo ao debate de temas relativos à adoção, posse responsável e controle de natalidade, vem atingindo a cada ano diferentes meios de comunicação, universidades e escolas técnicas, oferecendo um menu variado de informações atualizadas, favorecendo a propagação do conhecimento e, por consequência, o respeito aos animais.

Há milhares de outros projetos que já nasceram da força de ideias, sentimentos e desejos de contribuir positivamente para construir um mundo melhor. Em maior ou menor escala, todos nós podemos fazer essas revoluções do bem, em qualquer momento das nossas vidas.

32

O Executivo e o Samurai

Seja uma pessoa motivada. Muitas vezes, uma simples palavra, uma simples frase, um gesto, um olhar, é o bastante para nos motivar. Busque conhecimento e obtenha sucesso

Walber Fujita

Walber Fujita

Empresário, consultor e palestrante. Escreveu sua primeira obra "O Caminho das Pedras" pela editora CBJE. E também escritor dos livros *"Ser+ com Equipes de Alto Desempenho"*, *"Master Coaches"*, *"Ser+ com Qualidade Total"*, *"Ser+ em Excelência no Atendimento ao Cliente"*, *"Coaching - A Solução"* pela Editora Ser Mais.

Contatos
www.walberfujita.com.br
www.meuyoshi.com.br
walberfu@gmail.com
walberfu@yahoo.com.br
twiiter@walberfujita

Walber Fujita

Querido diário, hoje o meu dia foi muito bom. A vontade de iniciar um novo dia de estudos foi tanta que quase não dormi. A busca por conhecimento me fez aceitar o convite de um amigo para visitar um mosteiro onde morava um samurai. O mosteiro situa-se no Japão próximo à cidade de Suzuka, em uma área isolada, de imensa beleza, com uma vegetação indescritível, em um mesclado de céu e florestas emoldurados em enormes vales. Era aí que os monges passavam muitas horas do dia em oração ou meditando em prol de uma vida livre de estresse e violência. Com certeza, esse cenário cria um ambiente mais do que propício para a busca do conhecimento. Chegamos bem cedinho, a manhã estava agradável e fomos recebidos por um monge sorridente e bem disposto que nos acolheu.

O local parecia ter uma atmosfera diferente, que se percebe logo ao entrar. E foi nesse ambiente que passei as duas melhores semanas da minha ainda curta vida. No interior já estavam alguns amigos que tinham pernoitado lá e foi onde tomamos conhecimento dos nossos aposentos e nos equipamos para o início do processo seletivo.

O processo seletivo servia, ou para dar sequência à próxima etapa do seminário, ou para ser convidado a ir embora e voltar no próximo ano. Esse processo ocorre por meio de uma série de entrevistas e dinâmicas, ao final do processo, um monge conversa com cada participante a respeito de seu desempenho e dá dicas sobre o que podemos melhorar e o que devemos manter ou mudar em nossa postura profissional. Todos os conselhos que me foram dados foram muito úteis, pois eram exatamente sobre os meus pontos fracos. Tive sorte por abordarmos temas que eu dominava. Fiquei muito satisfeito nessa primeira seletiva, na sequência recebi vários manuscritos. Eram inúmeros textos para ler e escrever, discussões e apresentações sobre arte, direitos humanos, tecnologia e vários outros temas bastante atuais.

O ambiente tinha uma alegria verdadeira e contagiante, preparei meu corpo e mente para receber o conhecimento e tive que me organizar para cumprir com as responsabilidades exigidas pelo programa, bastante rígido com horários e trabalhos. O programa conta também com diversas palestras oferecidas por vários mestres, mas o que me marcou foi aquela manhã quando entrei no salão principal e o mestre bem disposto iniciou o seminário com uma oração, e logo em seguida as janelas foram fechadas e uma voz alta e forte disse: o samurai era como o soldado da aristocracia do Japão entre 1100 a 1867. Desde o século VIII a.C., ele vem sendo material de estudo de quase oito séculos de pura informação, suas histórias, lendas, costumes, armas e lições de uma vida construída para vencer podem significar muito a um aprendiz de sucesso. Para um samurai perder uma batalha significa a morte e, por isso no ocidente alguns conhecem o samurai por brutos ou guerreiros rudes, mas, não é verdade, pois, eles também tinham vastas habilidades mesmo fora da batalha. Como profissionais tinham que ser preparados, assim como uma pessoa comum tem que ser preparada para viver nesse universo capitalista; digo, sempre aprenda a organizar suas finanças, seu tempo, com a responsabilidade e principalmente comprometimento de um samurai. Enfim, saiba que naquela época para ser samurai o jovem tinha de ser alfabetizado e preparado para dominar a escrita e, por consequência, entrar no universo de clássicos japoneses e chineses, que por sua vez também praticavam Kendo (esgrima). Suas mãos dominavam katana (espada), wakizashi (espada curta), daikyu (arco) e muitos dos samurais mais próximos eram poetas, pintores e escultores, praticavam a arte da Ikebana (arte dos arranjos florais) e a chanoyu (arte do chá), os samurais tocavam o shakuhachi, a flauta de bambu japonesa, porque a arte era o momento que servia para treinar a mente e as mãos. Um guerreiro tem que ter o corpo e a mente em equilíbrio. Um samurai leva uma vida plena e rica de espiritualidade e tem como base obedecer ao bushido (código de honra).

O Bushido (bushi = guerreiro, do = caminho), o código de honra e ética do guerreiro samurai surgiu e se consolidou juntamente com a história dos samurais, durante os períodos Heian a Tokugawa. As principais virtudes do Bushido são justiça (GI), coragem (YUU), benevolência (JIN), educação (REI), sinceridade (MAKOTO), honra (MEIYO) e lealdade (CHUUGI). Em nosso tempo, é natural a carência de valores como esses. Seus valores atemporais trazem uma clara noção entre o certo e o errado, acrescentando mais importância e ideal à vida das pessoas. Com essa breve explicação pretendo destacar que a educação é o alimento para a alma e para os sentidos. Diversas pessoas têm dificuldade de encontrar o seu caminho, por isso não adianta ficar estudando sem uma direção, pois, corre o risco de comer capim pelo resto da vida. Os caminhos são vários, porém o objetivo da sua vida só pode ser um: a vitória!

Avalie e defina para onde quer ir e só depois dê o primeiro passo. Lembre-se que o tempo não volta.

De repente todos os olhares corriam pelas janelas que se abriram misteriosamente em sincronia e um feixe de luz iluminava o velho e sábio samurai em nossa frente, que continuou o seu curso dizendo: Senhores, na escola da vida a orientação, ensinamentos e práticas de ciências empresariais é bem complicada, ela não perdoa erros. Para ingressar e sobreviver nessa escola a prova é bem difícil, acreditem que os alunos passam os dias e as noites se preparando para as batalhas que a responsabilidade empresarial proporciona, porque quando falamos em empresas, falamos em crescimento e, por consequência, em ser responsável pelas famílias dos seus colaboradores, e com isso a primeira imagem que fica na cabeça é de sucesso, que tudo vai dar certo e que somos invencíveis, e que podemos sobreviver em uma sociedade em paz à primeira vista, mas as turbulências da realidade do universo empresarial com suas regras e jogos se misturam a um universo de guerra, trazendo à tona a tirania do capitalismo e da sobrevivência dos seus colaboradores. Assim como na arte, a Guerra também tem seus momentos quentes e frios.

Dando sequência com um movimento rápido, ele abriu a cortina e avistamos uma placa escrita: (Conheça primeiro a sua Missão, Visão e Valores e só depois Conheça a Missão, Visão e Valores da empresa em que trabalha. Se os caminhos forem paralelos vá em frente, se não forem, então mude o caminho); se seu colaborador não conhece a si, como pode orientar os outros envolvidos? Não sei por qual motivo um dos participantes interrompe o velho samurai e faz a seguinte pergunta: – O que é Capital Intelectual? O velho samurai que já se encontrava nas costas desse participante fez um breve silêncio e com uma voz firme resolveu se manifestar – nos tempos antigos, o homem que governava o Japão tinha poderes especiais.

Ele tinha a visão de poder somar a tríade Capital humano, Capital estrutural, Capital clientes, isso é o máximo da essência de um empreendimento ou governo, mesmo tendo um exército de vencedores você precisa ter conhecimento e para você visualizar melhor, posso dizer que "Capital Humano" são as qualificações, habilidades, conhecimento e a criatividade das pessoas ou o conhecimento de indivíduos que criam soluções para os clientes. Exemplo: o funcionário cuja sugestão agrega ganhos à empresa; Capital Estrutural: é a parte que pertence à empresa, como os bancos de dados e os manuais de procedimentos; e Capital dos Clientes: o valor da franquia, do relacionamento com os clientes, a lealdade deles à marca da empresa, o quanto ela conhece as necessidades de seus clientes e antecipadamente resolve seus problemas. De forma resumida podemos dizer que: Capital Intelectual = valor de mercado – valor patrimonial, este também conhecido como ativo intangível, isso faz com que a empresa seja mais valiosa que seus balanços contábeis, a essa diferença atribui-se ao conceito Goodwill (O surgimento da concepção do Goodwill teve origem na França e em meados do século XVIII).

A expressão algumas vezes abrange o conjunto de ativos de

Capital Intelectual

um comerciante, incluindo seus estoques, imóveis, marcas, nomes, clientela, localização etc., independentemente de serem ou não ativos no conceito contábil. Por causa dessa complexidade, demos ênfase no subgrupo do ativo intangível conforme lei 11.638 brasileira que altera e inclui novos dispositivos na 6404/76. A lei 11638 que entrou em vigor em 01 de janeiro de 2008 e foi promulgada em 28 de dezembro de 2007 e uma das alterações encontra-se no art. 178. Com o advento da lei 11.638/07 e sua regulamentação sobre os intangíveis, as empresas brasileiras entram em harmonia com as empresas internacionais. Esse material serve como base para melhor se aprofundar já que o senhor é brasileiro, disse o velho samurai com um sorriso calmo e suave. O homem ficou de boca aberta, afinal como pode tanta informação atual vir de um samurai.

Continuando, observem que na pasta que se encontra na frente dos senhores terá detalhes sobre capital intelectual. Quando o velho samurai passou do meu lado, olhou nos meus olhos e disse: "Novamente tenho um bom pressentimento em relação a vocês meus senhores, saibam que quando um colaborador de uma empresa realmente conhece o seu trabalho, estuda o que faz, busca a excelência e a perfeição, investe em si próprio, com certeza terá sucesso. Porque para agregar valor a sua empresa você precisa, junto com sua equipe, aumentar receitas e gerar lucros líquidos, melhorar a participação no mercado, a retenção de talentos e clientes e tem que diminuir – o custo, o tempo, esforço, reclamações, riscos, conflitos e a burocracia e melhorar a produtividade, processo, serviços, informação, moral, imagem, reputação, habilidades, qualidade, lealdade e criar estratégias novas e revolucionárias, sistemas de gestão práticos, processos de simples entendimento, marcas, com isso o seu conhecimento posicionado de forma correta pode sim agregar valor ao capital intelectual da sua empresa. Gostaria que antes de saírem, por favor, anotassem os dizeres que estão no lado direito da parede", e o velho samurai saiu por uma porta no fundo da sala, deixando uma luz acessa direcionada para uma velha lona.

Nessa lona estava escrito Gestão do conhecimento – estratégias, competências, automotivação, liderança, atividades de pesquisa e desenvolvimento. Os olhos de todos brilharam quando percebemos estar de frente ao pergaminho dourado, uma enorme folha de papiro escrita por milhares de comerciantes há mais de sete mil anos... tudo isso ali.

No topo do pergaminho estava escrito – ser feliz é enxergar o mundo com outros olhos, é conquistar resultados, é superar obstáculos, é ser persistente e trilhar seu caminho com dedicação, coerência, planejamento, treinamento e revisão diários. Em um momento de maestria, grandes executivos pareciam crianças. Um pouco assustados com a carga de conhecimentos e pontos de vistas que bebemos naquele mosteiro, com tanta sabedoria fixada e tanta paz.

Parecia não ser possível orquestrar tanta harmonia junto a tanta informação. Antes de sair, pedi permissão para falar com o velho samurai e esperei seis longas horas para que fosse marcado o encontro com ele no dia seguinte. O encontro foi no jardim florido com arranjos simples, onde as pedras e as flores logo davam a noção da história e trajetória daquele local. O velho samurai veio me receber e logo sentamos em um banco, então quebrei o silêncio dizendo: "Mestre, depois desse dia o meu sentimento em relação à sociedade mudou. E agora, o que eu faço?" O velho samurai disse em tom calmo "Saiba o que é a Automotivação e como essa pode ser uma fonte de vida e de valorização pessoal. A nossa mente é constantemente assaltada por pensamentos negativos e somos também invadidos com pensamentos e ideias de grande incerteza e ansiedade sobre o nosso futuro. O que constrói a pessoa bem-sucedida é o fato de ela acreditar na sua automotivação e capacidade de seguir em frente, e de utilizar todos os desafios como um trampolim para a sabedoria. Vá em paz meu jovem, seja motivado e estude muito porque a vida é um aprendizado diário".

Depois daquelas palavras não pude me conter, chorei emocionado olhando para ele fixamente e o abracei com tanta força que poderia até tê-lo machucado. Nos afastamos e eu enxuguei as lágrimas dos meus olhos, nem podia acreditar no que estava acontecendo e ele retribuiu o gesto desenhando o símbolo do equilíbrio no chão com a ponta da sua espada. Depois nós dois ríamos de alegria. Da nova amizade de um executivo e um samurai. Essa experiência de duas semanas propiciou ensinamentos conceituais e de vida, que serão guardados e explorados por mim eternamente. Sou imensamente grato por essa oportunidade que me enriqueceu tanto.